THIS
SPACE
OCCUPIED

MICKAËL LABBÉ ist Direktor der Philosophischen Fakultät der Universität Straßburg und hat dort den Lehrstuhl für Ästhetik und Philosophie der Kunst inne. Zuletzt erschien in Frankreich *Aux alentours. Regard écologique sur la ville* (2021).

FELIX KURZ übersetzt Essays, Sachbücher und wissenschaftliche Literatur aus dem Englischen und Französischen. Für die Edition Nautilus hat er zuletzt *Göttin der Anarchie. Leben und Zeit von Lucy Parsons* (2023) von Jacqueline Jones ins Deutsche übertragen.

MICKAËL LABBÉ

PLATZ NEHMEN

GEGEN EINE ARCHITEKTUR DER VERACHTUNG

AUS DEM FRANZÖSISCHEN ÜBERSETZT VON FELIX KURZ

EDITION NAUTILUS

Die Originalausgabe des vorliegenden Buches erschien unter dem Titel *Reprendre place. Contre une architecture du mépris*

Dieses Buch erscheint im Rahmen des Förderprogramms des Institut Français.
Die Arbeit des Übersetzers wurde vom französischen Übersetzerverband ATLAS mit einem Aufenthaltsstipendium im CITL Arles gefördert.

Sofern nicht anders angegeben, sind Zitate aus anderen Werken von Felix Kurz übersetzt.

Edition Nautilus GmbH
Schützenstraße 49 a
22761 Hamburg
www.edition-nautilus.de

Deutsche Erstausgabe September 2023
Umschlaggestaltung: Maja Bechert
www.majabechert.de
Satz: Corinna Theis-Hammad
www.cth-buchdesign.de
Porträt des Autors
auf Seite 6: © Emilie Vialet

FSC
www.fsc.org
MIX
Papier aus verantwortungsvollen Quellen
FSC® C083411

Druck und Bindung:
CPI – Clausen & Bosse, Leck
1. Auflage
ISBN 978-3-96054-330-5

Für Franck Fischbach

»Großstadtbewohnern wird immer vorgeworfen, dass sie sich nicht genügend an der Lokalpolitik beteiligen. Erstaunlich ist aber vielmehr, dass sie genau das noch immer versuchen.«

JANE JACOBS

VORWORT ZUR DEUTSCHEN AUSGABE

Seitdem dieses Buch im Oktober 2019 auf Französisch veröffentlicht wurde, ist viel geschehen; manche Stimmen behaupten sogar, dass wir in einer neuen Ära leben. Und in der Tat: Ob es um die Corona-Pandemie geht, um die Rückkehr des Krieges auf europäischen Boden oder um den Klimawandel, dessen Dramatik sich Tag für Tag eindringlicher zeigt – die Geschichte hat uns nicht verschont.

Die Fragen, denen das vorliegende Buch nachgeht, sowie die in ihm bekundeten Bedenken und Hoffnungen sind in Frankreich wie in Deutschland und anderswo jedoch weiterhin aktuell. Im todbringenden Zeitalter des Kapitalozäns steht nicht weniger auf dem Spiel als die Bewohnbarkeit der natürlichen und menschengemachten Umwelt. Auf sämtlichen Ebenen erweisen sich Fragen von Raum, Stadt und menschlich besiedelten Gebieten im Allgemeinen sowie die Art ihrer Herstellung als absolut entscheidend, zumal wenn man bedenkt, dass im Jahr 2050 rund 68 Prozent der Weltbevölkerung in Städten leben werden (mit erheblichen Unterschieden und nicht hinnehmbaren Ungleichheiten zwischen den Orten).

Die Frage »Wer hat ein Recht auf Stadt?«, die den roten Faden des Buches bildet, ist Gegenstand eines ständigen Kampfs und in der Praxis immer schon beantwortet. Ausschlaggebend sind dabei aber nicht die Stadtbewohner, sondern andere Akteur:innen, die über die Mittel verfügen, unsere Räume gemäß ihren eigenen Interessen zu gestalten – Interessen, die sich nicht unbedingt mit denen der

Mehrheit der Bürger decken, um es vorsichtig zu formulieren. Die kapitalistische Produktion des städtischen Raums und menschlich besiedelter Milieus im weitesten Sinne führt dazu, dass uns Möglichkeiten einer gemeinsamen Aneignung unserer objektiven Lebensbedingungen, eines Kampfes für eine sozial und ökologisch gerechtere, von mehr Gleichheit und Vernunft geprägte Existenz, die der Vielfalt menschlicher wie nicht-menschlicher Arten des Siedelns Raum gibt, massiv entzogen werden.

Welches Gewicht haben wir als gewöhnliche Bürger bei den Entscheidungen, die die von uns tagtäglich durchstreiften und mit Leben gefüllten Räume betreffen, im Vergleich zu Investor:innen, den Wirtschaftsinteressen großer Unternehmen und Plattformen, den kommunalen Behörden, dem Staat? Und welches Gewicht haben bestimmte Gruppen wie Obdachlose, Jugendliche, Prekäre, Menschen aus den ärmeren Vororten, Frauen, Migrant:innen, Alte und Kinder im Rahmen einer Stadtentwicklung, die den heteronormativen Bedürfnissen der weißen und gutsituierten »kreativen Klassen« sowie der Logik eines Systems folgt, das Räume nicht als bewahrenswertes Gemeingut behandelt, sondern als zu verwertende Waren? Wie können wir eine andere Art, die Welt zu bewohnen, gegen die tagtäglich stärker dominierende durchsetzen, wie gegen eine Vision der Welt kämpfen, die auf den Werten hierarchischer Machtbeziehungen und profitorientierter ökonomischer Verhältnisse beruht? Wie können wir für einen anderen Gebrauch der natürlichen und sozialen Welt kämpfen, nach dem nicht nur ein stetig wachsender Teil der Jugendlichen ein Bedürfnis verspürt, sondern zahlreiche gesellschaftliche Gruppen?

Verzichtet man darauf, diese Fragen zu stellen, und unterschreibt stattdessen die Erzählung der Herrschenden, dann verzichtet man auf die Demokratie – auf die Auseinandersetzung zwischen verschiedenen Ansichten, auf den Kampf für eine Vielfalt von Lebensweisen jenseits der Asymmetrien von Vermögen, Klasse, Geschlecht und ethnischer Zugehörigkeit, die unsere Gesellschaften strukturieren. Auf eine andere Art des Daseins als jene, die es einer gesellschaftlichen Minderheit erlaubt, über die Möglichkeiten der Existenz (und sogar des Überlebens) der ungeheuren Mehrheit gewöhnlicher Menschen zu bestimmen.

Aus diesem Grund freut es mich, dass das deutschsprachige Publikum nun Zugang zu den in diesem Buch vorgestellten Reflexionen hat. Es freut mich umso mehr, als mich meine persönliche Geschichte in vielfacher Weise mit Deutschland verbindet, sowohl privat wie theoretisch. Was den letzteren Aspekt betrifft, bleibt *Platz nehmen* dem Erbe der Sozialphilosophie und kritischen Theorie der Gesellschaft verpflichtet, die eine seiner wichtigsten Inspirationsquellen bildet. Zahlreiche Kämpfe auf dieser Seite des Rheins haben das vorliegende Buch inspiriert und inspirieren auch weiterhin – von den Initiativen für das »Recht auf Stadt«, mit denen sich Menschen vor allem in Hamburg, aber auch andernorts dagegen wehren, ihrer Städte enteignet zu werden, bis hin zum Mut der Aktivist:innen, die versucht haben, das Dörfchen Lützerath gegen die Ausweitung des Kohletagebaus zu verteidigen.

MICKAËL LABBÉ, im März 2023

VORWORT

Als Straßburger habe ich das Glück, in einer Stadt zu leben, die kaum etwas von der Gewaltsamkeit heutiger Mega-Metropolen hat. Um von vornherein ehrlich zu sein: Die großen Losungen der Stadtkritik, die ich in der Theorie alle teile, betreffen mich in meinem Alltag sehr wenig. Wer wie ich eindeutig zu den Privilegierten zählt, kann in Straßburg alles in allem gut leben: Die überall präsente Vergangenheit verzaubert die Stunden der Gegenwart, die kurzen Wege lassen sich zu Fuß zurücklegen, man kann hier die paradoxe Erfahrung eines Abenteuers machen, das auf Vertrautheit beruht – Markenzeichen eines bestimmten Lebens abseits der Metropole.

Wie viele Straßburger bin ich häufig auf der Place d'Austerlitz, einem Platz, dessen kürzlich abgeschlossene Umgestaltung einhellig als Erfolg gefeiert wird. Als ein Ort, der die gezielte Zurückeroberung urbanen Glücks perfekt verkörpert, zieht er immer mehr Menschen an und gibt einem Viertel, dem es früher an Charme und Urbanität mangelte, ein neues Gesicht. Ehemals befand sich hier ein wenig einladender alter Busbahnhof von Eurolines, umgeben von schäbigen Cafés – nachts eine verwaiste, beklemmende Gegend am Rande der Innenstadt, die man nur aufsuchte, um in einen Bus zu steigen, tagsüber ein lauter, hektischer Ort voller Touristen, die wegen unseres prachtvollen Münsters und der elsässischen Spezialitäten anreisten. Heute begegnet uns hier stattdessen ein begrünter, autofreier, von zahllosen angesagten Cafés gesäumter Platz, den wir nach der Arbeit gerne aufsuchen, wo Kinder gefahrlos spielen können, während sich ihre Eltern auf dem Nachhauseweg einen Moment der Entspannung gönnen, wo sich Studierende mit Berufstätigen und ein paar Hausbesetzern mischen, die das bunte Treiben genießen. Aus einem verödeten Platz ist ein lebendiger Ort, ein beliebtes Viertel geworden; viele meiner Freunde sind in die angrenzenden Straßen gezogen. Die Place d'Austerlitz ist heute ein Muss, *the place to be* für jeden, den es ins Zentrum des urbanen Lebens von Straßburg zieht.

Auch ich bin oft dort. Doch seit einer Weile sind diese Ausflüge von einem gewissen Schuldbewusstsein getrübt, auch wenn ich von ihnen nicht lassen kann. Jedes Mal beschleicht mich Scham, habe ich das Gefühl, inkonsequent, mir selbst untreu, in meiner Identität angegriffen zu sein. Deshalb gehe ich heute seltener dorthin, auch wenn ich noch nicht ganz »entwöhnt« bin. Aber worin genau besteht das Problem? Warum weckt die scheinbar rundum gelungene Neugestaltung des Platzes auch Gefühle von Verlust und Ungerechtigkeit in mir?

Ab einem gewissen Moment – wann genau, könnte ich nicht mehr sagen – begann ich auf dem Platz bestimmte Instrumente der Ausgrenzung und Verachtung wahrzunehmen, die ihn mir immer weniger sympathisch machten. Es ging nur um schlichte Stühle und Bänke; man könnte andere Sorgen haben, schließlich laden die Möbel zu einem ungezwungenen Aufenthalt ein. Doch es sind nicht irgendwelche Möbel, sondern entweder einzelne Sessel oder aber Bänke, die durch Armlehnen so unterteilt sind, dass man nicht auf ihnen schlafen kann. Kurz: obdachlosenfeindliches Mobiliar und somit ein Beispiel für das, was ich als sogenannte »defensive« Architektur kannte, die bestimmte Bevölkerungsgruppen vertreiben soll. In meiner Stadt. Auf diesem Platz, den ich so gerne aufsuche. Auch die Cafés begannen sich zu verändern: Die alte Kneipe mit schratigem

Wirt und moderaten Preisen, geöffnet bis spät in die Nacht und bevölkert von armen Teufeln, die sich endlos an ihr letztes Glas klammern; das gute alte »Ville de Bâle«, wo die Stammgäste bei einer Tasse Kaffee stundenlang Zeitung lasen oder sich morgens um acht den ersten Rotwein genehmigten – sie sind samt und sonders verschwunden. Es gibt nur noch schicke Cafés, die ungeachtet ihrer stereotypen urbanen Namen (»Café Berlin«, »Café Bâle [Basel]«) nach 17 Uhr keine warmen Getränke mehr ausschenken.

Durch einen Artikel in der Lokalpresse wurde mir klar, was auf der Place d'Austerlitz passiert. In einem dankenswert offenen Interview erklärte der Inhaber eines der neuen Lokale unzweideutig, die Erneuerung des Platzes sei eine Gelegenheit, »die Kundschaft zu verändern« und die Unerwünschten (also die bisherigen Stammgäste) loszuwerden, indem man die Preise erhöht und ab einer bestimmten Uhrzeit keinen Kaffee mehr serviert. Der von der Platzsanierung ausgelöste Schneeballeffekt ließe sich noch weiter nachzeichnen: steigende Mieten, Verdrängung und so fort.

Allmählich stellten sich mir allgemeinere Fragen. Warum stand solches obdachlosenfeindliches Mobiliar auch auf einem anderen Platz in der Innenstadt, anders als noch zwei Wochen zuvor? Oder hatte ich es bislang nur nicht bemerkt? Wo waren die Bänke hin, auf denen ich noch vor ein paar Jahren, als ich in dem Viertel wohnte, stundenlang in der Sonne gelesen hatte? Ich kann die Erneuerung solcher Plätze, denen es nach allgemeinem Dafürhalten bislang an »Urbanität« gemangelt hat, nicht länger begrüßen. Denn die neue vermeintliche Urbanität hat ihren Preis: die Verdrängung der schwächsten sozialen Gruppen. Welche zwingende Notwendigkeit könnte es rechtfertigen, dass solche Mechanismen von Ausschluss und Verachtung immer mehr um sich greifen? Welche unsichtbare Bedrohung unserer Städte nötigt uns dazu? Wer sind diese von Natur aus zwielichtigen Gestalten, die wir vertreiben müssen? Und vor allem: Wer entscheidet darüber?

Wenn ich diese praktisch überall aufblühenden neuen Viertel sehe, die mit ihren Techno-Clubs und Start-up-Inkubatoren, ihren Orten für Kunst und Kunsthandwerk, kleinen Craftbeer-Brauereien und Biomärkten auf junge Akademiker wie mich zugeschnitten sind, dann üben sie einen Reiz auf mich aus, der sie mir zugleich höchst suspekt macht. Und mir wird schließlich bewusst, wie ich mich mit mehreren Umzügen auf der Suche nach bezahlbaren Mieten immer weiter aus der Innenstadt entfernt habe und wie ein bestimmter Lebensentwurf (mehr Ruhe für das Familienleben, Erwerb von Wohneigentum) aus mir einen Akteur der Gentrifizierung, eine Art inneren Kolonisator macht, mich in einen Prozess hineinzieht, in dem ich ebenso sehr Handelnder wie Leidtragender bin.

Die Place d'Austerlitz ist gleichermaßen Symbol wie Symptom. Für mich verkörpert sie einen Wandel der alltäglich gelebten Beziehung zur städtischen Umwelt, das Gefühl, dass ich mich in dieser Umwelt nicht mehr wiederfinde oder wiedererkenne, ihr nicht mehr so angehöre wie früher; das Gefühl einer Veränderung im Antlitz der von mir geschätzten Stadt, einer Verschiebung, die ungeachtet allen Anscheins von Fortschritt zu mehr Wohn- oder Lebensqualität zugleich eine Art Angriff darstellt und so eine stumme Gewalt, eine unterschwellige Feindseligkeit ausdrückt.

Die geschilderten unmerklichen Veränderungen und das Gefühl von Fremdheit, das sie in mir erzeugen, haben mir vor Augen geführt, dass heute kein Ort mehr sicher ist vor dem Zugriff einer weltweit wirkenden Logik der Produktion von Raum. Keine Stadt und kein Stadtviertel kann sich angesichts eines regelrechten Angriffs auf den gemeinschaftlichen Charakter von Orten noch unversehrt wähnen. Nicht augenfällige Gewalt, sondern winzige Verschiebungen in der Physiognomie der Stadt bringen in Straßburg eine Architektur der Verachtung oder Nichtanerkennung und eine neue Karte urbaner Pathologien hervor, die umso gefährlicher sind, als gerade ihr kaum wahrnehmbarer Charakter sie begünstigt. Eine Stadt aber, die sich der Strategie der Ausgrenzung beugt und in deren Raum (selbst an mir lieb gewordenen Orten!) sich der heimtückische Wille materialisiert, bestimmten Menschen zu verstehen zu geben, dass sie unerwünscht sind; kurzum: eine Stadt, die für manche unwirtlich sein will, ist auch für mich und, wie ich fürchte, für uns alle weniger lebenswert.

EINLEITUNG

Drei Wege

> »Solange nicht die Betroffenen selbst das Wort ergreifen und sagen, was sie benötigen, vor allem aber: was sie wollen, was sie sich wünschen; solange sie denen, die sich für Experten halten, nicht ständig berichten, wie sie ihre Wohnsituation erleben – solange wird uns eine wesentliche Information fehlen, um das Problem der Stadtentwicklung zu lösen.«
>
> HENRI LEFEBVRE[1]

Das Beispiel der Straßburger Place d'Austerlitz steht für eine bestimmte Erfahrung, die heute zur Regel wird. Oftmals kaum wahrnehmbare Veränderungen wirken sich auf die städtische Umwelt aus, in der wir uns nahezu unbewusst bewegen, denn wir bemerken gar nicht mehr, wie sehr sie einen Teil unserer selbst bildet, wie sehr bestimmte Orte uns als Stadtbewohner prägen, weil sich zwischen ihnen das Gewebe unseres Alltags entspinnt: Orte, die wir nutzen oder nur flüchtig streifen, die mit Begegnungen, Austausch und Gewohnheiten verbunden sind, an denen wir einander aus dem Weg gehen oder zusammenleben, uns wohlfühlen oder Beklemmung spüren. Die Häuser und Viertel, in denen wir leben, die Orte, an denen wir mit Freunden ausgehen oder etwas mit unseren Kindern unternehmen, die auf unserem Weg zur Arbeit liegen oder wo wir täglich Halt machen – sie alle können uns plötzlich fremd werden. Solche Verschlechterungen, wie ich sie konkret an jenem Platz in Straßburg erfahren habe, rücken erneut Fragen in den Mittelpunkt, mit denen jede dezidiert politische Reflexion über Stadtentwicklung beginnen muss: Wer bestimmt über die Stadt? Wem gehört sie? Für wen wird sie gestaltet? Kurz: Wer hat ein Recht auf Stadt?

Selbst wenn wir uns nicht ausdrücklich für eine andere Stadtentwicklung engagieren, mit dem Thema kaum vertraut sind und uns in architektonischen Fragen zumeist für blind halten, betreffen diese Angelegenheiten uns alle, und zwar auf eine ganz existenzielle Weise. Jeder muss irgendwo wohnen, darin besteht ein wesentlicher Teil unserer Identität. Unabhängig von Fachkenntnissen und politischem Bewusstsein gehören wir in Fragen der Stadtentwicklung alle zu den »Betroffenen«, von denen Henri Lefebvre spricht.

Die seit Lefebvre unter der Losung »Recht auf Stadt« artikulierten Bedürfnisse wurden noch nie so systematisch und tagtäglich missachtet wie heute; die Versuche einer Wiederaneignung der Stadt durch ihre Bewohner sind praktisch vollständig gescheitert. Ungeachtet des inflationären Gebrauchs von ideologischen Schlagworten wie »Partizipation« und »Bürgerbeteiligung« zählen die »Betroffenen« und das, was sie wollen und sich wünschen, weniger denn je für die Stadtentwicklung. Selbst das »Recht auf Stadt« dient meist nur als plumper Reklametrick für die Vermarktung von Projekten, in denen sich eine Verachtung der lokalen Bevölkerung ausdrückt. Und diese Verachtung trifft auch die demokratischen Erfordernisse, die mit dem Ideal der Stadt als politischem Raum der kollektiven Willensbildung untrennbar verbunden sind. Was »die Betroffenen« im Sinn haben könnten, interessiert in Wirklichkeit kaum noch jemanden.

Wir sind heute mehr denn je der Möglichkeit beraubt,

unser eigenes Leben zu gestalten, indem wir die Orte gestalten, an denen es sich abspielt – ein Hauptanliegen des Gedankens eines »Rechts auf Stadt«. Die Privatisierung urbaner Räume, die Zunahme von Strategien der Ausgrenzung und Kontrolle, die rein kommerzielle Ausbeutung immer größerer Gebiete und die Herstellung einer stereotyp-standardisierten Stadt durch aggressives *City Branding* sind nur einige der Phänomene, in denen eine pathologische Entwicklung deutlich wird. Diese Strategien führen dazu, dass ein zentrales Element der Existenz demokratischer Gemeinschaften kassiert wird, nämlich die Voraussetzung dafür, unser Zusammenleben zu gestalten, ja überhaupt eine Art »Wir« herzustellen.

Der Raum des »Wir«

Ein wesentlicher, aber selten analysierter Aspekt des Problems besteht darin, dass es ein »Wir« nicht ohne ein »Wo« geben kann, an dem es sich institutionalisiert, verankert, entfaltet, erfindet und vermittelt. Was wir sind oder sein wollen, können wir gar nicht bestimmen, wenn wir auf unser »Wo« keinerlei Einfluss mehr haben. Wie wir soziale und politische Gemeinschaften bilden, hängt von den Orten ab, an denen sie entstehen. Für Politik ist der Ort mitnichten ein bloßer Rahmen oder Behälter, sondern eine wesentliche Bedingung ihrer Möglichkeit (oder Unmöglichkeit); Raum stellt eine grundlegende formelle Dimension für Politik dar: Er nimmt sie nicht einfach als etwas bereits Fertiges in sich auf, sondern prägt sie und hat selbst Anteil an ihrer Herausbildung als einer *Form von Zusammenleben.* Eine menschliche Gemeinschaft existiert nicht im Nirgendwo oder irgendwo, und man bildet nicht in verschiedenen Räumen dieselbe Gemeinschaft. Politik, mit Hannah Arendt als eine bestimmte Organisation der menschlichen Pluralität verstanden, erfordert Koexistenz, Zusammenleben, Versammlung, Begegnung, Gleichzeitigkeit. Der »politische Raum« ist keine Metapher: Politik gibt es nicht ohne eine materielle und symbolische *räumliche Dimension*, in der das Zusammenleben stattfindet. So gesehen liegt es auf der Hand, dass die Form der Stadt, wenngleich vielfältig und nicht die einzig mögliche Form von Raum, geschichtlich eine entscheidende Rolle für die Schaffung demokratischer Gemeinschaften gespielt hat. Demokratie ist auch eine bestimmte Art, auf der Grundlage gemeinsamer Werte zusammen oder »unter einem Dach« zu leben, und ihre räumliche Dimension nennen wir Stadt.

Wie kann man noch eine Gemeinschaft bilden, wenn sich die Stadtentwicklung offenbar gegen das Allgemeinwohl und die Anliegen der Bevölkerung richtet? Wenn heutige Gesellschaften häufig nicht mehr wissen, wo sie sich in dieser Hinsicht befinden, dann weil sie nicht mehr wissen, *wo überhaupt* sie sich befinden. Sie haben nicht länger die Kontrolle über die Herstellung jenes »Wo«, das sie dennoch bestimmt. *Wo* also befinden wir uns – *wir*, die Bewohner der heutigen Städte? Die Krise unserer Demokratien, kürzlich illustriert von den Forderungen der Gelbwesten, lässt sich auch als eine Krise der demokratischen Orte lesen. Es gibt eine Suche nach anderen Orten, an denen wir uns neu erfinden und den von der Implosion des Urbanen zermahlenen Sinn eines »Wir« wieder herstellen können. Die Orte, an denen wir leben, sind nicht mehr repräsentativ für das, was wir sind, sie repräsentieren uns nicht mehr. Wir erkennen uns nicht länger in ihnen wieder, und zwar aus dem Grund, dass wir auf ihre Gestaltung keinerlei Einfluss mehr haben. Dieser Verlust von Kontrolle zieht einen Verlust unserer selbst nach sich. Unsere Räume machen es schwierig, die Gegenwart eines »Wir« zu erfahren. Es gibt keine Räume, keine Orte mehr, an denen wir ein solches »Wir« herstellen könnten.

Die Stadt gegen ihre Bewohner

Mit dem begeisterten oder resignierten Einverständnis der Stadtverwaltungen oder durch schlichte Immobilien- und Bodenspekulation drängen die privatwirtschaftlichen Interessen des Bau- und Wohnungssektors aggressiv an die Macht. Begleitet vom lauten Schweigen oder der stummen Ohnmacht einer großen Mehrheit der Architekt:innen und Stadtplaner:innen, die gleichwohl an der Herstellung des urbanen Raums beteiligt sind, wird die Stadt ausgehöhlt, verliert sie ihre ureigenste Substanz: nämlich die Konstruktion einer vielfältigen sozialen Gemeinschaft, die Erfindung einer Lebensform durch die Menschen selbst, geprägt von konfliktreichem Nebeneinander und Begegnung. Die guten Absichten, aufrichtigen Bemühungen und realen Erfolge bei der Erfindung anderer Räume sollen nicht kleingeredet werden, und es geht auch nicht darum, eine ideale Stadt heraufzubeschwören, die es so nie gegeben hat. Doch wir müssen uns der Realität einer Entwicklung stellen, die uns – wie so oft – zu entgleiten, sich dem Einfluss ihrer Urheber zu entziehen scheint. Wir müssen versuchen, uns eine Wirklichkeit wiederanzueignen, die wir selbst hervorbringen oder zumindest zulassen, nämlich eine Stadtentwicklung, die sich gegen die Bewohner richtet und von Ausgrenzung und Verachtung geprägt ist. Wenn eine Stadt bestimmte unerwünschte Gruppen abzuschrecken versucht – Obdachlose, Migranten, Jugendliche, Arme oder Mieter, die sich gegen ihre Verdrängung wehren –, wird sie für uns alle unbewohnbar.

Es betrifft uns alle. Selbst Phänomene wie das obdachlosenfeindliche Mobiliar, die scheinbar gar nicht direkt gegen uns gerichtet sind, prägen zutiefst unser Verhältnis zum städtischen Raum, zu anderen und zu uns selbst. Die Stadt teilt uns ständig etwas mit, aber wir bemerken es nicht. Ihre Sprache richtet sich ausnahmslos an uns alle. Die heutigen urbanen Räume sind so mitteilungsfreudig wie nie, und was sie uns zu sagen haben, ist nicht immer besonders erfreulich. Die Sprache der Stadt besteht aus Worten der Verachtung und Nichtanerkennung, die sich in die Züge des urbanen Raums einprägen. Sie ist umso heimtückischer, je leiser sie auftritt: ohne sichtbare Gewalt, kaschiert als unschuldiger architektonischer Entwurf oder schlichte Verwaltungsangelegenheit. Doch der urbane Raum ist kein toter Gegenstand, in dem sich sozioökonomische Probleme oder die technische Organisation einer Reihe von materiellen Aufgaben bloß niederschlagen, sondern ein politischer, lebendiger und mit Bedeutungen aufgeladener Raum, der uns Bewohnern mit einem ganzen System von sinnlich wahrnehmbaren Zeichen der Anerkennung und der Verachtung begegnet. Von der wirtschaftlichen und politischen Macht in Beschlag genommen, ist die Herstellung des Raums heute der Marktlogik unterworfen. Die Einwohner beziehungsweise Bürger werden eines bedeutenden Teils ihres Lebens enteignet, und das auf eine umso machtvollere Weise, als sich diese Enteignung zumeist verdeckt und stumm vollzieht.

Wenn wir uns nicht selbst um die Gestaltung unserer Städte kümmern, werden es andere an unserer Stelle tun – ohne sich um uns zu kümmern. Und sie tun es bereits. Auf diese Weise werden wir ständig neu erschaffen und wissen dies nicht einmal. Die Stadt ist, in den Worten von Robert Ezra Park, »der stimmigste und alles in allem erfolgreichste Versuch des Menschen, die Welt, in der er lebt, stärker nach seinen eigenen Bedürfnissen umzugestalten. Doch die Stadt ist nicht nur die vom Menschen geschaffene Welt, sondern auch die Welt, in der er von nun an zu leben gezwungen ist. Indem er die Stadt hervorgebracht hat, hat er daher indirekt und ohne ein klares Bewusstsein seines Werks auch sich selbst neu hervorgebracht.«[2]

Die Revolte der Bewohner

Seit einigen Jahren haben sich Gruppen von Bürgern beziehungsweise Einwohnern die Frage des urbanen Raums wieder angeeignet – auf Plätzen, in Parks, auf der Straße und zuletzt an Verkehrskreiseln. Die soziale Unzufriedenheit und der Wille, Alternativen zu schaffen, kommen an ganz unterschiedlichen Orten zum Ausdruck. Eine dauerhafte Alternative jedoch konnte bislang keiner dieser Versuche formulieren. Wer einen Ausweg aus der Sackgasse der heutigen Stadtentwicklung sucht, die eine grundlegend von Ungleichheit und Gewalt bestimmte Wirtschafts- und Sozialordnung ausdrückt, fördert und stützt, kann auf drei Modelle einer Verknüpfung von »Wo« und »Wir« zurückgreifen, die allesamt Früchte jüngerer sozialer Erfahrungen sind: das Modell der Platzbesetzung, das Modell des Protestcamps (ZAD, *Zone à défendre*) und das Modell der Neuerfindung des Rechts auf Stadt.

Das Modell der ZAD ist zu begrenzt, da es seinen Schauplatz außerhalb der Städte findet und so ein Wir von Außenseitern hervorbringt. Solche sozialen Gemeinschaften bilden sich auf der Grundlage ihrer Randständigkeit und verfolgen eine Strategie des Exodus, die für die meisten von uns kaum annehmbar oder gar erstrebenswert sein dürfte. Eine Ausweitung dieses Modells auf die gesamte Bevölkerung ist daher unwahrscheinlich. Das Modell der Platzbesetzung wiederum beruht auf einer rein symbolischen Logik. Es benötigt vor allem bekannte Stadtplätze, die sich allenfalls zeitweilig als Lebens- und Wohnorte eignen.

Somit stellt sich die Frage, wie wir »Zentralität« und »Bewohnbarkeit« sinnvoll miteinander verbinden können, obwohl alles dafür spricht, dass diese beiden Dimensionen in der heutigen Stadt unvereinbar sind. Entweder setzt man sich für eine andere Art ein, die (Um-)Welt zu bewohnen, indem man die Stadt verlässt (die Strategie der ZAD); oder man versucht, einen Platz in der Sichtbarkeit des Zentrums zurückzuerobern, gelangt aber nie zu einer wirklichen Besiedlung von Orten (Bewegungen der Besetzung). Deshalb schlage ich vor, das Recht auf Stadt als einen Versuch neu zu denken, die Mittelpunkte unseres Lebens wieder zu bewohnen. Das setzt selbstverständlich voraus, das Verhältnis von Zentrum und Peripherie ebenso neu zu denken wie das Wohnen in seiner alltäglichen Dimension – es geht um das städtische Leben, wie es sich Tag für Tag abspielt, nicht um eine permanente Demonstration.

Als Bürger besetzen wir *schon heute* einen urbanen Raum. Nicht bloß Orte außerhalb der Stadt, wie die ZAD, sondern unsere eigenen Viertel. Vor dem Hintergrund einer umfassenden Entmachtung der Einwohnerschaft, was ihre Gestaltungsmöglichkeiten des Urbanen betrifft, erleben wir die Zerstörung der Stadt als Lebensmilieu oder künstlich-natürliches Ökosystem. Entgegen einer mitunter romantischen Vorstellung von »Natur« als dem Jenseits der Stadt müssen wir uns bewusst machen, dass die urbanen Umwelten ein konstitutiver Bestandteil unserer Ökosysteme sind. Angesichts der Klimakrise erweist sich der Gegensatz Stadt-Natur als unhaltbar, und wir müssen neu bestimmen, welche Rolle Städte dabei spielen könnten, die Erde anders zu bewohnen. Nicht durch Träumereien von einer Rückkehr zur »Natur«, sondern indem wir das ökologisch verstümmelte Leben in den Städten von innen heraus erneuern, können wir – sofern es noch nicht zu spät ist – eine Form von Existenz schaffen, die sich stärker im Einklang mit *unseren* Umwelten befindet.

Deshalb kann es auch nicht darum gehen, rein symbolische Orte zu besetzen. Anstatt die Wall Street oder die Place de la République zeitweilig in Beschlag zu nehmen, müssen wir uns die Orte unseres Alltags aneignen. Wir müssen Wohnen und Verkehr, die Gestaltung von öffentlichen Räumen und Parks, kurz: das wirkliche Gewebe der Stadt politisieren. Ein dauerhaftes, im Rhythmus und Leib der gesellschaftlichen Existenz verankertes *Wir* kann nicht an einem *Wo* entstehen, das ein Jenseits, ein Außen, ein vom Alltagsleben abgetrennter Raum ist, in dem Protest sich auf eine kurzzeitige symbolische Unterbrechung beschränkt; es muss in der Stadt, in unseren Vierteln entstehen. So ließe sich das Recht auf Stadt neu fassen: als Bedürfnis nach Aneignung des städtischen Territoriums, auf dem sich das profane Leben abspielt.

Zurück zum Lokalen

Darin besteht im Kern der Gedanke eines Rechts auf Stadt, das nicht mehr auf die Utopie einer politischen Revolution abzielt oder sich als symmetrisches Gegenstück zu einem vermeintlichen »Recht auf Natur« versteht. Vielmehr geht es um den Versuch einer *Reterritorialisierung* der menschlichen urbanen Siedlungsform, indem wir den Sinn für die Räume und Orte schärfen, an denen wir uns bereits befinden. Unsere Viertel, unsere Orte der Begegnung, die Räume, in denen wir arbeiten – das sind *unsere Territorien.* Sie sind dort, wo wir sind. Wir wehren uns gegen einen Trend der Deterritorialisierung, der unseren Sinn für den Ort und die Vielfalt von Lebensweisen beschneidet, indem er die Räume der heutigen Stadt in eine verallgemeinerte abstrakte Konkurrenz zueinander setzt; gegen die Enteignung unseres Vermögens, Orte durch unsere Nutzung dem anzupassen, was wir sind – zugunsten einer marktförmigen Gleichsetzung von Räumen, die bloß konsumiert oder nach einer rein finanziellen Logik verwertet werden; gegen die Enteignung dieses wesentlichen Teils unserer selbst und gegen die wachsende Entfremdung eines städtischen Lebens, das auf eine bloße Karikatur zurechtgestutzt wird – um all das geht es, wenn wir die Frontlinie an die Orte verschieben, an denen wir uns befinden. Und wir müssen verstehen, dass das Lokale, wie der Philosoph John Dewey meinte, »das höchste Allgemeine darstellt, das, was im Existierenden einem Absoluten am nächsten kommt«.[3]

Um bestimmte Entwicklungen kritisch zu analysieren – etwa wie sich wirtschaftliche Ungleichheiten in der Aufteilung des Raums niederschlagen oder ein asymmetrischer Zugang zu materiellen Ressourcen der »räumlichen Gerechtigkeit« entgegensteht –, sollten wir daher nicht so sehr auf makrotheoretische Erklärungen setzen und stattdessen in das Gewebe der Stadt eintauchen, in eine Reihe konkreter, aber dennoch exemplarischer Situationen, in denen ihre Misere zutage tritt. Im urbanen Gewebe, in der direkten Erfahrung der Einwohner, ihrer sinnlichen Wahrnehmung der Stadt zeigt sich, welche Folgen das Fehlen einer wirklichen Architektur hat und was in unseren Beziehungen zum Raum heute auf dem Spiel steht. Und eben hier werden auch Möglichkeiten von Widerstand gegen die Privatisierung und Enteignung von Raum sowie architektonische und soziale Lösungen sichtbar, durch die sich urbane Lebensformen entfalten könnten, die demokratischer und emanzipatorischer sind.

In diesem Sinne nötigen uns solche Überlegungen zu einer politischen Perspektive auf die Stadt, die sich auf dem »mikroskopischen« oder »molekularen« Niveau des gewöhnlichen Lebens bewegt, das sich in ihr tagtäglich abspielt. Deshalb schlage ich die Untersuchung bestimmter negativer Entwicklungen vor, die ich als »urbane Pathologien des Sozialen« bezeichne. Das ermöglicht es uns, die Stadt als eine Art sinnliches Ökosystem der Anerkennung und Verachtung neu zu denken: In scheinbar unschuldigem Design (etwa dem obdachlosenfeindlichen Mobiliar in all seinen Varianten) verbergen sich Signale der Verachtung; unterschwellig und von keinerlei Gewalt begleitet erhalten bestimmte Gruppen die Botschaft, dass sie unerwünscht sind (etwa in gentrifizierten Cafés, die ab einer bestimmten Uhrzeit keine warmen Getränke mehr servieren); Strategien der Stadtvermarktung machen Shopping und Tourismus zur vorherrschenden Form des Bezugs auf den urbanen Raum, sodass sich das Individuum nur noch als Konsument erfährt; Freiräume für Begegnungen, die nicht produktiv sind, werden stillschweigend zurückgedrängt; Spielplätze für Kinder sind nur noch »mit Gittern umzäunte Parkplätze«, abgetrennt vom öffentlichen Raum; und so fort. Eine mikroskopische Gewalt, die Einzelne und Gruppen in ihrem verborgenen Innersten trifft, nämlich die Bedingung der Möglichkeit tilgt, man selbst oder gemeinsam mit anderen zu sein. Wir stehen dabei nicht einem wirtschaftlichen Unrecht oder dem expliziten Entzug von Rechten gegenüber, sondern einem Ensemble von Signalen der Anerkennung und der Verachtung, die ohne offene Gewalt und auch ohne wirkliche Akteure die grundlegendsten Formen unseres gesellschaftlichen Daseins bestimmen. Man sagt Menschen nicht mehr, dass sie unerwünscht sind; man lässt es sie spüren. Nur ausgehend von dieser unsichtbaren Negativität, die viel weniger manifest ist als makroskopische Ungleichheiten und Ungerechtigkeiten wie etwa Ghettos, lässt sich jene räumliche Gewalt der heutigen Städte sinnvoll analysieren, die die Quelle von individueller wie kollektiver Identitätsbildung angreift: das Bedürfnis und Streben nach Anerkennung, für das der städtische Raum eines der wichtigsten Werkzeuge darstellt. Dieses grundlegende Bedürfnis ist weder eine rein materielle Notwendigkeit noch zielt es auf eine ausschließlich geistige Befriedigung; vielmehr geht es um unsere Fähigkeit, uns an einem gemeinsamen Ort aufeinander zu beziehen. Das Recht auf Stadt muss heute als Form des Kampfes um räumliche Anerkennung neu gefasst werden, und die Stadt als ein fragiles Ökosystem des gesellschaftlichen Verkehrs, als der Ort des alltäglichen Zugangs zu einem wesentlichen Teil unserer Identität und unserer Gemeinschaften.

Unsere Städte umgestalten

Das Anliegen dieses Buches besteht auch darin, für ein bestimmtes Verständnis von Architektur einzutreten, das heute kaum noch formuliert oder aber rein instrumentell angeführt wird, nämlich für ein von Grund auf *gesellschaftliches* Verständnis – zu einem Zeitpunkt, da einer der bekanntesten Vertreter des Fachs feststellt, dass die Stadt für seine Kollegen kein Thema mehr ist. Rem Koolhaas schreibt:

> »Früher bestand die Aufgabe von Architekten darin, eine Gemeinschaft herzustellen (...). Seit dem Triumph der Marktwirtschaft in den späten 1970er Jahren drückt die Architektur nicht mehr die Werte der Gesellschaft, sondern die des Unternehmens aus (...). Unter Losungen von Ruhe und Sicherheit sind die Städte immer weniger wagemutig und immer vorhersehbarer geworden. Um die Situation noch zu verschlimmern, verfassen die Architekten seit dem Zeitpunkt, an dem die Herrschaft des Marktes vollendet wurde, keine Manifeste mehr. Genau in dem Moment, als die Verstädterung in den Entwicklungsländern rasant zunahm, haben wir aufgehört, über die Stadt nachzudenken. *Der Siegeszug der Stadt fällt exakt mit dem Ende unserer Reflexionen über sie zusammen.*«[4]

Gerade jetzt, wo *wir* die Architektur mehr denn je brauchen, haben die Architekt:innen aus Zynismus oder Ohnmacht das Feld des Sozialen geräumt und die emanzipatorischen Versprechen der Moderne unumwunden aufgegeben. Während sich »Stararchitekten« in ihren spektakulären Aufträgen sonnen und selbstverliebt der Form frönen, vollzieht sich die unpersönliche Herstellung einer standardisierten Stadt, die immer stärker der kapitalistischen Logik der Raumproduktion unterworfen ist. Gleichzeitig unterliegen Architekten bei der Ausübung ihres Berufs praktischen Bedingungen, die es zunehmend erschweren, die Aufgabe von Architektur umfassend zu erfüllen. In gewisser Weise untergraben die heutigen Zustände die Möglichkeit schlechthin, »Architektur zu machen«.

Die Verkennung der wesentlichen Funktion, die die Architektur für die Herstellung eines gemeinsamen Raums und der räumlichen Voraussetzungen von Demokratie spielt, und eine Art Geringschätzung oder sogar Verachtung für ein Metier, dessen gesellschaftliche Notwendigkeit nicht mehr begriffen wird, haben die Architektur in eine tiefe Krise gestürzt. Die Stadt wird heute *ohne* die Architekt:innen oder *gegen* jeden wirklichen Akt von Architektur hergestellt. Angesichts einer Gesellschaft, in der Raum und Architektur kaum als kulturelle Gegenstände gelten, muss der hier lancierte Appell an die Architekt:innen wie eine Liebeserklärung an ihr Handwerk klingen. Wir brauchen eine Stadt der Anerkennung, nicht der Verachtung, eine Architektur, die menschenfreundlich und einladend, nicht feindselig und abschreckend ist. Mit einem Wort: *eine Architektur der Achtung*. Eine, die sich als politisches Werkzeug dafür versteht, die Voraussetzungen für gesellschaftliche Anerkennung zu schaffen, indem sie unseren alltäglichen Umwelten eine Gestalt gibt. Die Erneuerung des städtischen Raums ist undenkbar ohne die Architekt:innen und ohne eine klare Parteinahme für die Architektur sowie gegen die Pathologien, die die deregulierte Produktion des Urbanen hervorbringt. Aus dem Inneren des pathologischen Raums einer verstümmelten Stadt heraus kann und muss die Architektur zu einer anderen gesellschaftlichen Konstruktion des Urbanen anregen.

Um in der Stadt von heute wieder Platz nehmen zu können, ist es daher längst an der Zeit, ihrer politischen Sprache entgegenzutreten und von den Verantwortlichen in Bereichen wie Architektur, Projektentwicklung, Planung, Politik und Investment die Berücksichtigung ihres eigentlichen Zwecks zu verlangen: Sie soll dem gewöhnlichen Leben der Bewohner dienen. Somit geht es um einen Appell an die Einwohnerschaft, aber ebenso an die Architekt:innen. Anstatt sich ausschließlich auf technische oder ästhetische Fragen zu konzentrieren, was von einer regelrechten *Desertion vom Feld des Sozialen,* häufig auch von einer Resignation angesichts des eigenen gesellschaftlichen Status zeugt, müssen sie den ethischen Auftrag ihrer Disziplin wieder ernst nehmen. Die Frage der Stadt verweist somit auf ein philosophisches Verständnis des Wesens von Architektur als einer ethischen Disziplin, deren Ziel es ist, alltäglichen Umwelten und gesellschaftlichen Nutzungen von Raum eine Gestalt zu geben. Weder ästhetisches Objekt noch rein technische Angelegenheit, verkörpert sie in jedem einzelnen Fall immer schon eine bestimmte Auffassung des Menschen, seines Ortes in der Welt und der Natur. Gegen eine zum Spektakel verkommene Form von Architektur, gegen ästhetischen Populismus und die technokratische wie kommerzielle Beschlagnahme des Raums geht es darum, den unabweisbar gesellschaftlichen und politischen Charakter von Architektur wieder zur Geltung zu bringen.

Das vorliegende Buch gliedert sich in drei Teile, die drei Arten darstellen, die heutige urbane Wirklichkeit und ihre Probleme zu durchstreifen. Der erste Streifzug folgt Phänomenen, in denen sich die pathologische Entwicklung des städtischen Raums beispielhaft zeigt; er soll negative

Trends sichtbar machen, von denen wir als Bewohner alle betroffen sind – Zeichen der Verachtung und Nichtanerkennung in einem krank gewordenen Raum. Ein zweiter Streifzug ermöglicht es uns, eine theoretische Alternative zur resignierten Hinnahme der zeitgenössischen Gestalt der Städte zu formulieren, indem wir den Gedanken des Rechts auf Stadt neu beleben: als Kampf um Anerkennung und um Wiederaneignung unserer Alltagsräume. Der dritte schließlich untersucht kritisch, wie die Architektur als Disziplin zu einer erklärtermaßen ethischen und sozialen Stadtentwicklung beitragen könnte, indem sie die Bewohner in den Mittelpunkt stellt.

Erster Streifzug

DIE URBANEN PATHOLOGIEN DES SOZIALEN

Ausgrenzung

> »Obdachlosigkeit sollte in keiner Gesellschaft toleriert werden, und sobald wir mit unseren Entwürfen anfangen, das Leben auf der Straße erleichtern zu wollen, haben wir als Gesellschaft vollständig versagt. Die Nähe zu Obdachlosen bereitet uns leider Unbehagen, aber vielleicht ist dieses Gefühl auch gut, denn so erkennen wir Obdachlosigkeit als Problem an, anstatt unser Design an den Betroffenen auszurichten.«
>
> FACTORY FURNITURE

Eine Bank in Camden Town

Mit dieser entwaffnenden Offenheit äußert sich ein Designer des britischen Unternehmens Factory Furniture, das weltweit für seine Camden Bench berühmt ist – ein paradigmatisches Beispiel für einen neuartigen architektonischen Eingriff in den Raum, der ganz zu Recht als »defensive Architektur« (*defensive architecture*), »feindselige Architektur« (*hostile architecture*) oder auch »unangenehmes Design« (*unpleasant design*) bezeichnet wird.

Im Jahr 2012 von den lokalen Behörden in Auftrag gegeben, soll die Camden Bench durch ihr Design »antisoziales« Verhalten eindämmen.[1] Schlafen kann man auf ihr praktisch nicht, denn ihre abschüssige und unebene Oberfläche ist sehr unbequem, ihre Winkel und Kanten machen sie für Skater unbrauchbar, eine spezielle Beschichtung verhin-

Die Camden Bench

dert, dass sie mit Graffiti verziert wird, und wer auf ihr sitzt, kann dank einer Ausbuchtung seine Tasche hinter seine Beine stellen, um sie vor Diebstahl zu schützen. Wie die Designer betonen: »Wir sind fest davon überzeugt, dass man durch die Herstellung einer guten Umwelt auch die Probleme von antisozialem Verhalten verringern kann. (...). Das Tollste an diesem Sitzmöbel ist, wie die Leute es nutzen. Es gibt keine ›richtige‹ Art, darauf zu sitzen (...), und dadurch ist es viel stärker ein inklusives Möbel, das soziale Interaktion fördert.«[2] Glaubt man ihren Designern, dann verkörpert die Bank schon durch ihre bloße Form das Ideal einer befriedeten Gesellschaft. Einerseits dient sie der Bekämpfung von unerwünschtem Verhalten, andererseits fördert sie soziale Beziehungen – ein umfassendes Programm! Durch die Wirkungsmacht des Designs können bestimmte negative Muster, mit denen Menschen von ihrer Freiheit Gebrauch machen, eingedämmt und zugleich positive Interaktionen angeregt werden.

Die Camden Bench ist nur ein Beispiel dafür, wie urbane Strategien der Ausgrenzung und Kontrolle immer häufiger eine sanfte, weniger manifeste Gewalt einsetzen, um von ihrem Erscheinungsbild besessene Städte aufzupolieren. Ein neues Hygienedenken erfasst den Raum.

Überall in unserer Umgebung sehen wir eine starke Zunahme von eigentümlichen Objekten, die allesamt dem Arsenal des obdachlosenfeindlichen Mobiliars entstammen: Bänke, deren Sitzflächen stark abschüssig oder durch Armlehnen unterteilt sind; Einzelsitze anstelle der traditionellen Bänke – sofern diese nicht einfach ersatzlos abgeschafft werden; Möbel, an die man sich nur anlehnen kann; Stacheln zur Taubenabwehr an Fassaden und auf Fenstersimsen; Begrünung (Kakteen, Blumentöpfe, dichtes Gestrüpp) aus fragwürdigen Gründen; Skulpturen, Säulen und Blöcke aller Art, usw. Eine lange Liste, die sich noch um andere »sinnliche« Strategien ergänzen ließe: Der Einsatz des Stinkgases Malodore (»Schlechter Geruch«) in Argenteuil, automatische Kaltduschen an Parkhauseingängen zur Vertreibung von Obdachlosen, eine Baustellen-Attrappe in Lyon, die Roma ihren Treffpunkt nehmen soll, klassische Musik vor McDonald's-Lokalen zur Abschreckung von jungen Melomanen, die von einem Apparat namens Mosquito ausgesendeten unangenehmen Ultraschall-Geräusche, der gegen Drogenkonsumierende gerichtete Einsatz von rosa und blauem Neonlicht, die Zunahme von Überwachungskameras, die Umzäunung von Bänken durch die Stadtverwaltung von Angoulême, der gewollte Luftzug in U-Bahn-Stationen ... und das sind nur einige erbauliche Beispiele!

Unter Vorwänden wie Verschönerung, Ökologie oder mehr Sicherheit nehmen die heutigen Städte einige der schwächsten Gruppen offen ins Visier: Obdachlose, Jugendliche, Drogenkonsumierende, Migranten. Ihnen wird auf heimtückische Weise signalisiert, dass sie im öffentlichen Raum nicht willkommen sind, sondern eindeutig den Status von »Unerwünschten« haben – durch Prozesse, die sie unsichtbar machen sollen. Der gemeinsame Raum ist so nicht länger ein Raum von allen und für alle. Was für die meisten von uns bloß eine unbedeutende, harmlose gestalterische Maßnahme darstellt, an der wir vorbeilaufen, ohne sie weiter zu beachten, erleben ihre Adressaten als ein Mal der Verachtung, die umso brutaler ist, als sie verdeckt erfolgt und von anderen Menschen daher nicht als Unrecht erkannt wird.[3] Gehen Sie weiter, hier gibt es nichts zu sehen!

Die Unerwünschten

In dieser Hinsicht gelingt der feindseligen Architektur ein beachtliches Kunststück. »Während es grundsätzlich immer denkbar ist, mit den Ordnungskräften zu diskutieren oder ihre Entscheidungen anzufechten, ist gegen eine Sitzbank keine Rechtsbeschwerde möglich«[4] – darin besteht die ganze Macht des *unpleasant design*, wie Selena Savić bemerkt. Zwischen dem Schein von Freiheit und der Realität eines Zwangs, der unerbittlich, weil unsichtbar ist, schafft die feindselige Architektur einen Raum der Verachtung oder Nichtanerkennung. Das im und durch den öffentlichen Raum erfahrene Unrecht gelangt nicht mehr an jene Öffentlichkeit, die es als solches anerkennen könnte: ein Leiden, das *vor* den Augen der anderen geschieht, ohne *in* ihren Augen als Gewalt zu erscheinen, ein unsichtbarer Effekt, der sich in aller Öffentlichkeit vollzieht, eine private Verletzung, hervorgerufen von einem »öffentlichen« Raum. Jedes einzelne obdachlosenfeindliche Möbelstück treibt die Risse im gemeinsamen Raum etwas tiefer, indem es Teile der Gesellschaft aus ihm verdrängt.

Machen wir uns nichts vor: Auch wenn der Ursprung des Phänomens im zutiefst neoliberalen London liegt, hat es all unsere Städte erfasst. Frankreich wird von ihm offenkundig nicht verschont, ein positives Gegenbeispiel ist es schon gar nicht.[5] Die erklärten Absichten der Befürworter:innen von solchem Mobiliar schwanken zwischen einer rein ideologischen Leugnung (es gehe nur um mehr Sicherheit, die Verschönerung des öffentlichen Raums, um Umweltschutz) und dem Bekenntnis zu einer Art von sozialer Diskriminierung unerwünschter Bevölkerungsgruppen, doch in jedem Fall erleben wir hier eine *verallgemeinerte* Strategie zur Kontrolle des öffentlichen Raums. Eine Strategie, die sich in der Realität gleich in doppelter Hinsicht als wirkungslos, ja kontraproduktiv erweist.

Zum einen verdrängt die Installation von abschreckendem Mobiliar das Problem des sogenannten »antisozialen« Verhaltens lediglich aus unserem Blickfeld, ohne auch nur den Ansatz einer Lösung zu bieten, ob es nun um Betteln geht oder um Nutzungsarten des öffentlichen Raums, die als Belastung empfunden werden. Angesichts einer dramatischen Zunahme von Armut und Prekarität in den entwickelten Ländern, die es dringend erforderlich macht, entschlossene politische Antworten zu finden, kommt die rasante Ausbreitung von solchem Mobiliar nur dem zynischen Eingeständnis gleich, dass es am Willen zu entsprechenden Bemühungen fehlt. Die feindselige Architektur bewirkt eine Art Kriminalisierung durch den Raum. Das Mindeste, was wir dagegen brauchten, wäre eine *offene* und *einladende* Architektur. Zu solchen Themen ist von Architekt:innen jedoch sehr wenig zu hören.

Zum anderen mögen sich die meisten von uns zwar von abschreckendem Mobiliar nicht betroffen fühlen, doch das verzerrte Modell von Raum und die absurden Folgen, die es indirekt erzeugt, treffen uns sehr wohl. Die systematische Aufstellung von Bänken mit kleinen, schrägen Sitzflächen oder auch das neue Mobiliar an Bushaltestellen und in U-Bahnhöfen, an das man sich nur anlehnen kann, sind für alle von Nachteil, angefangen bei den »Schwächsten« wie etwa Schwangeren, Alten, Übergewichtigen, Kindern, Menschen mit Behinderung ... und schlicht für jeden, der erschöpft ist und sich gerne ausruhen würde.

Die feindselige Architektur ist eine Form von Biopolitik mittels urbanem Design, ein regelrechter Angriff auf unsere Körper, insoweit sie im städtischen Raum zuhause sind. Indem sie bestimmte Kategorien von Menschen ins Visier nimmt und »suspektes« Verhalten unmöglich macht, macht sie die Stadt letztlich *für alle* weniger bewohnbar; Räume *gegen* eine bestimmte Bevölkerungsgruppe zu gestalten, lässt sie *für alle* unwirtlich werden. Das feindselige Mobiliar erzeugt einen feindseligen Raum, einen Raum, der aus gesellschaftlicher Feindseligkeit hervorgeht und sie festigt. Wenn eine Stadt *nicht für alle* geschaffen wird, betrifft dies auf durchaus paradoxe Weise alle, und zwar sowohl individuell wie auch kollektiv als ein »Wir«.

Und schließlich trägt ein Design, das *unpleasant* und ästhetisch abstoßend ist, natürlich nicht zur Verschönerung unserer Städte bei – um sich das bewusst zu machen, muss man sich nur abschreckendes Mobiliar anschauen. Es macht sie vielmehr hässlich und widerspricht so unserem Bedürfnis nach einer Schönheit, die sich in ganz alltäglichen Formen, in den Gebrauchsgegenständen unserer gewöhnlichen Umwelt verkörpert.

Auch wenn obdachlosenfeindliches Mobiliar nur ein begrenztes Beispiel für die Architektur der gesellschaftlichen Verachtung ist, von dem man durchaus meinen könnte, dass es uns nicht direkt betrifft oder aufgrund seiner unmittelbaren Effekte sogar freuen sollte, ist es gleichwohl paradigmatisch: erstens als Modell dafür, wie sich eine ganze Reihe von pathologischen räumlichen Phänomenen der heutigen Stadtentwicklung denken lässt, und zweitens, insofern es uns ex negativo die Frage ermöglicht, wie der städtische, gesellschaftliche Raum allen Individuen, aus denen er besteht, Anerkennung bieten könnte.

Soziale Verachtung

Solche Phänomene sind fraglos Ausdruck von sozialen Ungleichheiten und Rangunterschieden, und doch wird beim Aufstellen eines schlichten Stadtmöbels keinerlei ökonomisches Unrecht *direkt* sichtbar und keinerlei Recht *offen* missachtet. Nirgends Polizei, nirgends ein Richter oder ein neues Gesetz: Es gibt nichts zu beanstanden. Dennoch stellt dies sehr wohl ein Unrecht, eine soziale Verachtung dar – einen Akt der Nichtanerkennung, der die Gestalt einer schlichten Bank annimmt.

Aber was sagt uns diese schlichte Bank, ein vermeintlich harmloses Möbelstück, das doch niemandem etwas zuleide tun kann? Um seine eigentümlichen Effekte zu begreifen, müssen wir auf den Begriff der Anerkennung eingehen, der im Zentrum der Sozialphilosophie steht.[6] Seine Ursprünge reichen weit zurück, seine Erneuerung jedoch verdanken wir vor allem dem Werk von Axel Honneth.[7] Für den Frankfurter Philosophen bildet Anerkennung den Kern des Sozialen und der Kampf um sie den Motor gesellschaftlicher Beziehungen. Dieser Kampf bietet jedem Individuum die Möglichkeit einer geglückten und erfüllenden Selbstverwirklichung. Da der Mensch ein gesellschaftliches Individuum ist, bildet das Bedürfnis nach Anerkennung eine absolut notwendige Voraussetzung für die Herausbildung seiner Identität: Das Verhältnis zu sich selbst vollzieht sich durch sein Verhältnis zu anderen, sein Selbstbewusstsein entsteht durch eine intersubjektive Beziehung, in der die Individualität jedes Einzelnen als Mitglied der Gemeinschaft sowie seine sozialen Fähigkeiten Anerkennung erfahren.

Die Gesellschaft beruht somit auf Akten gegenseitiger Anerkennung der Subjekte und entwickelt sich durch sie. Das umfasst eine theoretische und eine praktische Dimension: eine kognitive Anerkennung der Person als Person, und nicht als bloßes Ding oder Mittel; und die praktische Anerkennung ihres Werts in und durch konkrete Akte. Dabei drückt sich das Bedürfnis nach Anerkennung in allen Bereichen des gesellschaftlichen Lebens und auf allen Ebenen der Existenz des Individuums aus. Honneth unterscheidet deshalb zwischen drei Hauptformen, die den verschiedenen Sphären entsprechen, in denen wir uns tagtäglich bewegen: Erstens verlangt das Individuum in der Intimität der Familie seine Anerkennung als ein affektives Wesen, das konkrete Bedürfnisse hat. Der Vektor der Anerkennung ist hier die Liebe, durch die es in Form von *Selbstvertrauen* ein positives Verhältnis zu sich entwickeln kann; zweitens möchte es auf rechtlicher Ebene als eine allen anderen gleichgestellte Person und als Rechtssubjekt anerkannt werden, um so eine wesentliche Form von *Selbstrespekt* zu erlangen; und drittens strebt es in der im engeren Sinne gesellschaftlichen Sphäre nach Anerkennung seines persönlichen Werts und – vor allem im Rahmen der Arbeit – seiner Tätigkeit als konkretem und eigenständigem Beitrag zur Gesellschaft, um so ein *Selbstwertgefühl* zu entwickeln.

Sei es in Form von Liebe, Gleichheit oder der Wertschätzung persönlicher Fähigkeiten, die Selbstverwirklichung des Individuums, das imstande ist, ein erfülltes Leben zu führen und ein praktisch-positives Verhältnis zu sich selbst zu pflegen, hängt wesentlich von der gesellschaftlichen Anerkennung seiner affektiven, rechtlichen und einzigartigen Individualität ab. Eben dies darf jeder von uns mit Fug und Recht von einer gerechten Gesellschaft erwarten, also von einer, die die intersubjektiven Voraussetzungen der wechselseitigen sozialen Anerkennung herzustellen vermag. Die Gesellschaften, in denen wir leben, sind aber leider zumeist weit davon entfernt, diesem Horizont zu entsprechen. Die Lebensumstände in den gesellschaftlichen Bereichen, in denen wir uns bewegen, »verletzen« unser

Streben nach Anerkennung und verstümmeln die Möglichkeit, ein erfülltes Selbstverhältnis herauszubilden. In vielen Situationen werden uns unsere normativen Ansprüche auf Anerkennung nur ex negativo bewusst, nämlich wenn sie nicht erfüllt werden. Diese Erfahrung eines Entzugs oder Mangels bildet den Motor des Kampfes um *mehr* Anerkennung.

Wenn unsere Erwartung von Anerkennung enttäuscht oder systematisch verunmöglicht wird, machen wir somit die schmerzhafte Erfahrung einer gesellschaftlichen Verachtung. Sie beschädigt die persönliche Integrität des Subjekts, wird als unerträglicher Angriff auf die eigene Würde erlebt. Unser Selbstvertrauen wird erschüttert und unser mögliches Selbstbild angegriffen. Wie Honneth festhält, bewirkt soziale Missachtung einen »Verlust an Selbst- und Weltvertrauen, der bis in die leiblichen Schichten des praktischen Umgangs mit anderen Subjekten hineinreicht«.[8] Die Untersuchung der Beziehungen von Anerkennung und Verachtung gibt Aufschluss über »das kulturelle Selbstverständnis einer Gesellschaft«.[9] Die Sozialphilosophie sieht ihre kritische Hauptaufgabe darin, gegen solche institutionalisierten Formen von sozialer Verachtung zu kämpfen (und folglich für Anerkennung einzutreten), indem sie Phänomene diagnostiziert und analysiert, die Axel Honneth mit Nachdruck als »Pathologien des Sozialen« bezeichnet.[10]

Der infizierte Raum

Warum sollten wir obdachlosenfeindliches Mobiliar und andere Spielarten von defensiver Architektur als Pathologien verstehen, die das Problem der Anerkennung betreffen? Ist dies überhaupt möglich, wenn Anerkennung doch ein zwischenmenschliches Verhältnis darstellt, das

Individuen oder Institutionen voraussetzt, und nicht ein Verhältnis zu Objekten oder Formen von Raum? Wie kann man behaupten, dass sich im materiellen Raum der Städte eine Verweigerung von Anerkennung »ausdrückt«?

In einem Interview mit Olivier Voirol präzisiert Honneth sein Verständnis des Sozialen, das auf Konfliktualität beruht, und grenzt es von Jürgen Habermas' Theorie des kommunikativen Handelns ab. Das führt ihn dazu, auf dem Gedanken zu beharren, dass Anerkennungsprozesse auch eine tiefe körperliche und affektive Verankerung aufweisen. Anerkennung kristallisiert sich auch auf eine materielle Weise:

> »Insofern würde ich auch sagen, dass es einer starken Aufmerksamkeit für die Materialität der Anerkennung bedarf, wenn ich die Gesellschaft als eine Organisation sozialer Anerkennungsformen analysieren möchte. (...) Aber ich glaube, dass auch Anerkennung sozusagen Materialität ist, sozial geronnene Materialität, und dass diese materiale Seite der Anerkennung in hohem Maße mit der Körperlichkeit des Menschen und der Körperlichkeit der sozialen Interaktion zusammenhängt. (...) Insofern besitzt unsere gesamte soziale Umwelt eine physische Präsenz der herrschenden Anerkennungs- und Missachtungsformen.«[11]

Folgt man dieser Fährte, dann erscheint die Stadt als ein materieller Raum der Anerkennung oder Verachtung. Als das Feld, auf dem der Kampf um Anerkennung stattfindet, ist sie somit jene »sozial geronnene Materialität«, von der der Philosoph spricht. Die Stadt und die urbanen Formen als Materialisierung von sozialen Formen der Anerkennung zu verstehen, bedeutet zugleich, dass man dieser eine konkrete Materialität gibt und die Rede von einem *Raum* der Anerkennung nicht metaphorisch versteht. Denn wenn wir nicht verstehen, wie Beziehungen der Anerkennung in Orten, Dingen und Räumen »geronnen« sind, laufen wir Gefahr, bestimmte institutionalisierte Formen von sozialer Verachtung zu übersehen oder negative Erfahrungen, die Menschen im urbanen Raum als dem *Ort* von sozialen Interaktionen schlechthin machen, zu unterschätzen. Dieser Ort ist kein Nichts und auch kein simpler gleichförmiger Behälter: Er kann Beziehungen der Nichtanerkennung hervorbringen und Formen von Verachtung untermauern, indem er sie in bestimmten vorgegebenen Situationen fixiert, oder aber gesellschaftliche Strukturen der Anerkennung ausdrücken. Mit Honneth gesprochen: Der städtische Raum ist ein »Vektor« oder »Medium« von erheblichem Gewicht, wenn es um dic materielle Seite von Anerkennung geht. Es gibt somit räumliche Voraussetzungen der Anerkennung; die Gestaltung unserer Städte bestimmt deren Formen ebenso wie Pathologien des Sozialen.

Feindselige Architektur und abschreckendes Mobiliar sind dafür eindringliche Beispiele. Als ein scheinbar neutrales und indifferentes Objekt ohne ideologischen Anspruch verhindert das obdachlosenfeindliche Möbelstück die öffentliche Anerkennung des Unrechts, das von ihm selbst ausgeht; das damit verbundene Leid kann so nur rein individuell erfahren werden, anstatt Ausgangspunkt für eine Forderung nach kollektiver Gerechtigkeit zu sein. Der Obdachlose erlebt dieses Mobiliar als eine Verachtung, die ihm aus den Formen seiner eigenen Stadt entgegenschlägt, doch diesem Missstand steht er alleine gegenüber, er besitzt Wissen über eine soziale Gewalt, die nur er am eigenen Leibe zu spüren bekommt, und dieses Leiden kann er nicht öffentlich artikulieren, es erscheint rein anekdotisch oder irreal. Eine solche Erfahrung greift unleugbar die persönliche Integrität des Subjekts an, beschädigt seine Identität, indem sie es in die Kategorie »unerwünscht« einsperrt. Sie erzeugt ein Gefühl der Ausgrenzung, das die Möglichkeiten der Selbstverwirklichung beschneidet. Alle Dimensionen der sozialen Anerkennung werden hier zerstört: Die schlichte Bank sendet eine Botschaft der Abneigung und Feindseligkeit aus. Die mit der Situation des Individuums verbundenen Bedürfnisse werden negiert: Einen Ort zum Schlafen oder Ausruhen, wenn es nirgendwo anders hingehen kann, hat es nicht mehr. »Niemand hat Sympathie für euch, denn ihr seid einfach unsympathisch«, lautet die Botschaft von obdachlosenfeindlichem Mobiliar.

Die Wirkungsmacht solcher Mechanismen beruht darauf, dass diejenigen, gegen die sie sich richten, die Botschaft fast immer verstehen. Was in den Augen von anderen bloß eine Bank ohne weitere Bedeutung darstellt, ist für sie aufgeladen mit Sinn, überfrachtet mit Zeichen der sozialen Verachtung. Insofern enthält abschreckendes Mobiliar unterschwellig ein Urteil über den Wert mancher seiner Nutzer:innen. Und der Mechanismus funktioniert: Er bewirkt, dass die Obdachlosen von sich aus wegbleiben, er trifft sie direkt in ihrem Leib. Wenn die urbane Umwelt dergestalt zu einem Ausdruck von Feindseligkeit wird, zieht dies bei den Betroffenen zwangsläufig einen Verlust von Selbstvertrauen nach sich, der zugleich ein Verlust von Vertrauen in die Welt ist.

Der unsichtbare Bewohner

Die Installation dieser Art von Mobiliar lässt Menschen einen Abstand zwischen sich und anderen spüren, verstärkt ihr Gefühl, »Bürger zweiter Klasse« zu sein. Der Raum der Stadt wird zum Raum des Nichtrespekts und der ungleichen Rechte, sobald er den Personenstatus bestimmter Bewohner herabsetzt. Die Ungleichheit besteht hier nicht in einem ausdrücklichen Entzug von Rechten oder einer direkten Verletzung des rechtlichen Status von Menschen.

Vielmehr organisiert der urbane Raum materiell »eine dauerhafte Ungleichverteilung von Anerkennungschancen«.[12] Einen demokratischen öffentlichen Raum gibt es nur dann, »wenn alle Subjekte tatsächlich über die faktische Möglichkeit eines angstfreien und autonomen Auftritts in der Öffentlichkeit verfügen«.[13] Mit den Worten von Adam Smith fasst Honneth diesen Gedanken so zusammen: Es geht um die Möglichkeit, »in der Öffentlichkeit ohne Scham aufzutreten«. Der Raum des abschreckenden Mobiliars ist jedoch einer der Scham, eine systematische materielle Organisation, die bestimmte Gesellschaftsmitglieder demütigt. Sie »erniedrigt den Menschen vor der Allmacht des Faktischen«, wie Simone Weil hervorragend formulierte, und deklassiert ihn, indem sie ihn aus der demokratischen Sichtbarkeit auszuschließen versucht. Die heutige Gestaltung der Stadt soll somit die Schwächsten *unsichtbar machen.* Bei der Jagd auf diese Menschen gibt man sich nicht damit zufrieden, dass sie meist nicht wahrgenommen werden – wer betrachtet schon wirklich die Armen, denen er alltäglich begegnet? –, sondern sie zielt darauf, dass sie gar nicht mehr wahrnehmbar, da abwesend sind.

Was schließlich die dritte Sphäre der Anerkennung betrifft – jene, in der es um die Wertschätzung des persönlichen Beitrags des Einzelnen zur Gesellschaft geht –, muss wohl kaum betont werden, wie pathologisch sie sich in diesem Fall darstellt. Der allgemeinen Kategorie der Unerwünschten zugewiesen, wird die einzigartige Persönlichkeit des Individuums nicht nur verkannt, sondern im wahrsten Sinne des Wortes als »verachtenswert« betrachtet, als vollkommen unerheblich. Die Möglichkeit, dass Menschen, denen »antisoziales Verhalten« zugeschrieben wird, irgendeinen positiven Beitrag zur Gesellschaft leisten könnten, wagt man sich gar nicht vorzustellen. Auf eine rein negative Kategorie reduziert, für die man allgemeine, von der Person absehende Lösungen entwirft, wird die jeweilige Einzigartigkeit prekär lebender Menschen weggewischt. Der Obdachlose ist nicht nur kein Teil des »Wir«, sondern auch kein »Ich«. Er gehört zur Kategorie einer feindlichen Andersartigkeit, die als Typ konstruiert wird: »die da«, »solche Leute«.

Als materieller Mechanismus der Verachtung verkörpert defensive Architektur mustergültig einen Raum der Nichtanerkennung. Nicht nur im Sinne eines fehlenden oder verwehrten Zugangs zur Anerkennung, sondern als ihre aktive Negation, als gezielte Verachtung. Nun drückt sich im Begriff der Anerkennung und somit auch seinem Gegenteil, der Verachtung, eine Haltung oder Handlung aus. Honneth spricht von einer »handlungswirksam gewordenen Einstellung«.[14] Um real zu sein, muss Anerkennung immer eine praktische Seite besitzen. Sie ist definiert als »expressive (und daher öffentlich zugängliche) Bekundung einer Wertschätzung, die den intelligiblen Eigenschaften von Personen gilt«.[15] Anerkennung kann nicht bloß durch Worte oder Absichtserklärungen erfolgen, sondern muss reale Auswirkungen haben. Anerkennen ist nicht nur erkennen. Anerkennung wie Verachtung sind mit Handlungen verbunden, die eine Materialität besitzen und sich durch Gesten und körperliche Einstellungen ausdrücken.

Die Stadt ist eine materielle Organisation von Körpern. Wie hinlänglich bekannt, kann Architektur unsere privaten oder gesellschaftlichen körperlichen Interaktionen hervorbringen, fördern, anregen oder sie im Gegenteil verhindern und erschweren. Obdachlosenfeindliches Mobiliar betrifft den Körper derer, gegen die es sich richtet: Es hindert sie daran, sich zu setzen, hinzulegen, auszuruhen, zu treffen, frei zu bewegen; und es vertreibt sie, drängt sie dazu, das Weite zu suchen und sich anderswo umzusehen. Die Konzeption von abschreckenden Räumen ist zugleich eine Art Design von Körpern, eine Gestaltung von körperlichen

(Inter-)Aktionen. Orte zu entwerfen bedeutet, Macht darüber auszuüben, wer sich an ihnen aufhalten darf.

Im ganz buchstäblichen Sinne ist obdachlosenfeindliches Mobiliar der besondere Ausdruck einer allgemeinen Situation in unseren Gesellschaften: einer verdinglichten Existenz, eines Lebens, das auf ein formbares, modellierbares Objekt reduziert wird. Wenn der Begriff Verdinglichung bedeutet, dass »eine Beziehung zwischen Personen den Charakter einer Dinghaftigkeit«[16] erhält, dann ist die Camden Bench das eindrücklichste Beispiel dafür. Was den sozial Schwächsten widerfährt, betrifft uns alle, auch wenn es für uns kaum wahrnehmbar ist. Das Ausbleiben von Anerkennung und die Gewöhnung an eine räumlich institutionalisierte Verachtung sollten für uns alarmierende Zeichen sein. Wir sollten unbedingt versuchen, uns von dem Bild zu unterscheiden, das Honneth von der verdinglichten Existenz des modernen Menschen gezeichnet hat. Georg Lukács paraphrasierend bemerkt er, dass

> »im Kapitalismus die Verdinglichung zur ›zweiten Natur‹ des Menschen geworden ist. (...) In der sich erweiternden Handlungssphäre des Warentauschs sind die Subjekte gezwungen, sich selber statt als Teilnehmer nur mehr als Beobachter des sozialen Geschehens zu verhalten. (...) Unter ›Verdinglichung‹ versteht Lukács mithin den Habitus oder die Gewohnheit eines bloß beobachtenden Verhaltens, in dessen Perspektive die natürliche Umwelt, die soziale Mitwelt und die eigenen Persönlichkeitspotentiale nur noch teilnahmslos und affektneutral wie etwas Dingliches erfaßt werden.«[17]

Das ist umso wichtiger, als diese gleichgültig-betäubte Haltung gegenüber dem, was anderen widerfährt – so als handele es sich um ein bloß Dinge betreffendes Naturgeschehen –, sich näher betrachtet keineswegs auf die im vorliegenden Kapitel behandelten Unerwünschten beschränkt. Denn die Liste ließe sich mühelos fortsetzen: Migrant:innen, Gefangene, Verrückte, Alte ... Und mehr noch: Es betrifft unser Verhältnis zu uns selbst und dem Raum, in dem sich unser Leben abspielt.

Enteignung

> »Die Arbeit des Bürgermeisters ähnelt der eines Unternehmenschefs. Ich bin der Vorstandsvorsitzende einer Stadt mit 15.000 Aktionären.«
>
> ANDRO VLAHUŠIĆ, ehemaliger Bürgermeister von Dubrovnik

Tourismusphobie

Alles begann mit einem schlichten Foto. Im Vordergrund sieht man eine Gruppe junger italienischer Touristen in Barceloneta, einem Stadtteil von Barcelona, die nach einer durchfeierten Nacht ausgelassen-überdreht und splitternackt auf der Straße herumlaufen. Im Hintergrund stehen die Angestellten und Kunden eines pakistanischen Minimarkts, den die ersteren betreten wollten. In ihren Gesichtern kann man eine Mischung aus Empörung, Überdruss und Ohnmachtsgefühlen gegenüber der Touristengruppe lesen, die sich wenig sensibel dafür zeigt, welchen Unmut ihr Verhalten hervorruft. Auf der Titelseite der Zeitung *El Periódico* abgedruckt, löste das Bild eine beispiellose Bewegung von Widerstand unter den Einwohnern aus.

Die 2014 frühmorgens in der katalanischen Hauptstadt entstandene Aufnahme des Pressefotografen Vicens Forner zeigt den Zusammenprall zweier Welten, zweier Arten, sich in einer der meistbesuchten Städte Europas zu bewegen. Als perfekte Illustration des Phänomens *turismo de borrachera* (Sauftourismus) führt sie uns eindrücklich vor

Italienische Touristen im Stadtteil Barceloneta

Augen, wie in bestimmten vom Massentourismus heimgesuchten Städten die gemeinsame Nutzung des städtischen Raums und das Miteinander von Einwohnern und Besuchern zum Gegenstand eines Kampfes geworden sind, der zumeist als »Tourismusphobie« bezeichnet wird. Im Grunde könnte man über das Bild schmunzeln, wäre es nicht Zeugnis eines gravierenden Problems: Der städtische Raum durchläuft heute eine pathologische Entwicklung, die Konflikte in Gestalt einer unversöhnlichen, potenziell gewaltsamen Grenzziehung zwischen »denen« und »uns« hervorruft.[1] Sichtbar wird hier eine Form von Kampf um Raum oder um Anerkennung in ihm als grundlegendes Bedürfnis der Einwohnerschaft.

Der in Spanien geprägte Begriff der »Tourismusphobie«, bekannt geworden vor allem durch die Zeitung *El País*, bezeichnet eine Einstellung, die in einigen der meistbesuchten Städte der Welt wie Barcelona, Venedig oder auch Dubrovnik immer verbreiteter wird.[2] In mehr oder minder diffuser Weise hat das Phänomen inzwischen zahllose europäische Städte erfasst. Der Begriff bezeichnet nicht bloß eine Angst, sondern eine Reihe von abweisenden Reaktionen auf Touristen, die massenhaft in bestimmte Viertel der betroffenen Städte strömen. Demonstrationen, Plakate an Hauswänden, Graffiti und Aufkleber sind Ausdruck ein und derselben Misere.

Die Slogans machen deutlich, worum es aus Sicht der Bevölkerung geht: um das Überleben ihrer Stadtteile, um Leben und Tod urbaner Räume. »Euer Tourismus zerstört unsere Viertel«, ist hier und da zu lesen. Für die Bewohner, deren Existenz in das vielschichtige Netzwerk einer gegebenen Umwelt eingewoben ist, stellt ihr Stadtteil etwas Lebendiges dar, etwas, das man schätzt, weil es die eigene individuelle und kollektive Identität grundlegend prägt. Das Gleichgewicht eines Viertels, das ihm seine einzigartige Färbung und lebendige Atmosphäre gibt, ist fragil und sehr oft kaum wahrnehmbar: ein Zusammenspiel bestimmter Rhythmen zu verschiedenen Tageszeiten, eine Fülle von Gewohnheiten und Bewegungen, die sich zu einer Choreografie fügen, bestimmte Klänge, Gerüche und Lichtverhältnisse, ein einzigartiges Gefüge aus Abwechslung und Eintönigkeit, aus Möglichkeiten der Begegnung.

Der Massentourismus setzt solche städtischen Ensembles nicht einfach einer allmählichen Veränderung und Metamorphose aus; er birgt die Gefahr ihrer Zerstörung. Für die Betroffenen, die an ihrem Viertel hängen, geht es dabei nicht bloß um einen Wohnort, sondern um den Ort, an dem und durch den sie leben. Sie erkennen sich in ihrer eigenen Stadt nicht mehr wieder; für sie gilt im wörtlichsten Sinne: Der Massentourismus *tötet* die Stadt. Was er den Bewohnern zumutet, sind nicht bloß Belästigungen oder ein Wandel, gegen den sie sich sträuben. Seine Folgen, die die Menschen in den betroffenen Vierteln oder Städten zu spüren bekommen, sind sehr konkret und teilweise ähnlich wie die Missstände in weniger attraktiven Städten: Die Mieten und Preise steigen, Erfordernisse des Tourismus bestimmen den Markt und verknappen den bezahlbaren Wohnraum, Nahversorgungsgeschäfte schließen zugunsten von Souvenirläden – was zur Folge hat, dass bestimmte Produkte nur noch außerhalb der Stadt erhältlich sind – und ein nicht von Touristen bevölkerter öffentlicher Raum, wo man nach Schulschluss seine Kinder ruhig zum Spielen hinschicken kann, verschwindet zusehends. Aber vielleicht muss man zunächst und vor allem die Frage der gesellschaftlichen Herausbildung von Identität und der räumlichen Voraussetzungen von Selbstentfaltung in den Blick nehmen, um die Quellen der Tourismusphobie zu verstehen.

Solche Überlegungen können leicht reaktionär klingen, so als ginge es darum, das Trugbild einer schützenden Heimeligkeit zu verteidigen. Doch bei den meisten Protesten gegen Tourismus ist dies nicht der Fall. Zum einen unterliegt die Stadt wie jeder Organismus einem ständigen Wandel, auch wenn sie aufgrund ihres stark materiellen Charakters enorme Beharrungskraft aufweist. Ihre Gestalt ändert sich in rasantem Tempo, und zudem sind Durchreisende und Besucher genauso wesentlich für die Identität eines Ortes wie die dauerhaft Ansässigen. Zum anderen ist es falsch, den Widerstand gegen den Tourismus als eine xenophobe und identitäre Reaktion zu deuten – im Sinne des bekannten »Das ist unser Land!« –, denn man kann ihn nicht kurzerhand als Ausdruck einer Ablehnung des Anderen oder des Fremden fassen, auch wenn dies in manchen Fällen natürlich nicht ausgeschlossen ist. Es ist nämlich nicht irgendein Anderer, der dabei abgelehnt wird. Vielleicht geht es nicht einmal um den Anderen als Anderen.[3] Der Protest richtet sich auch nicht gegen den Tourismus schlechthin oder die Touristen als Individuen, sondern gegen *eine bestimmte Art von Tourismus*: gegen die Frucht einer Politik der Raumproduktion, die – bestenfalls – von Gleichgültigkeit gegenüber Orten und ihren Bewohnern geprägte Verhaltensweisen hervorbringt.

Zielscheibe der Manifestationen von Tourismusphobie sind sowohl die Entscheidungsträger:innen und vermeintlichen Expert:innen (in Politik, Verwaltung, Projektentwicklung, Investment, Stadtplanung), die die Städte mit Verachtung für die Bewohner entwerfen und gestalten, als auch die Menschen, die Orte als bloßes Amüsement konsumieren oder sich schlicht austoben wollen und dabei keinerlei Bewusstsein dafür zeigen, dass sie hier nur zu Gast sind. Solche ignoranten oder dummen Menschen – und das sind wir potenziell alle! – betrachten die Stadt als reines Dekor, als Kulisse für ein Selfie, als riesigen Vergnügungspark, in dem die Angehörigen der »einheimischen Bevölkerung« als bloße Statisten auftreten, die für das vom Reisebüro versprochene »Lokalkolorit« zu sorgen haben. Auch wenn eine Stadt, die ihrem Wesen gerecht wird, selbstverständlich immer zu einer Reise einlädt und *auch* denen offenstehen muss, die nicht in ihr wohnen, ist sie doch *vor allem* ein Lebensort für die Einwohner – entgegen dem machtvollen Prozess der Deterritorialisierung und Homogenisierung von Orten, den die Konkurrenz zwischen Städten als touristische »Reiseziele« in Gang setzt. Was eine Stadt ist, ist sie vor allem *durch* ihre Einwohner. »Athen, das sind die Athener«, lautet ein Sprichwort. Eben dieser chronologische und logische Vorrang ist offenbar verloren gegangen.

Eine Stadt bringt sich um

Tourismusphobie ist ein Anzeichen dafür, dass die schiere Masse von Touristen wie eine Überdosis wirkt und die Art und Weise, wie die Stadtbewohner ihre Umwelt erleben, dadurch eine Metamorphose erfährt. In Venedig zum Beispiel, das jährlich bis zu 30 Millionen Besucher anzieht, ist die Einwohnerzahl von 175.000 im Jahr 1950 auf heute nur noch 55.000 gesunken, also um rund 1.700 Menschen pro Jahr. In den von *Overtourism* geplagten Städten geht die wachsende Besucherzahl mit einem Bevölkerungsrückgang einher. Am eigenen Erfolg erkrankt, entvölkern sie sich. Und eben das ist in den Augen mancher Einwohner, die keineswegs beabsichtigen, sich ohne weiteres verdrängen zu lassen oder mit der Zerstörung eines Teils ihrer selbst abzufinden, nicht hinnehmbar.

Hier von einer Zerstörung zu sprechen, ist nicht bloß metaphorisch. Betrachtet man die Stadt als ein fragiles Gleichgewicht zwischen einer materiellen, einer natürlichen und einer sozialen Umwelt, dann muss man sich nur ansehen, was der *Overtourism* physisch und ökologisch in Städten wie Venedig oder Dubrovnik anrichtet, um Grund zur Sorge zu haben. Genau das haben die Initiativen von Betroffenen verstanden, die die riesigen Kreuzfahrtschiffe an der Einfahrt in die venezianische Lagune zu hindern versuchen und dabei beträchtliche Risiken eingehen – auf kleinen Booten hissen sie Fahnen mit der Losung »No Grandi Navi« oder springen kurzerhand ins Wasser, um ihre Körper zur Barriere zu machen.

Die Einfahrt der Kreuzfahrtschiffe zerstört Venedig im buchstäblichen Sinn: Die gewaltige Wassermasse, die diese Kolosse verdrängen, wird gegen Baudenkmäler und Häuser gedrückt, höhlt ihre Fundamente aus und schädigt den Meeresboden. Jedes von ihnen stößt so viel CO_2 aus wie 14.000 Autos, ihr Treibstoff ist wesentlich schmutziger als der Diesel von Lkw. Jahr für Jahr fallen durch den Tourismus in Venedig mehr als 53.000 Tonnen Müll an. Dasselbe Bild zeigt sich in Dubrovnik, das tagtäglich mehr Besucher empfängt, als seine Infrastruktur eigentlich verkraften kann, von Sicherheitsfragen im Falle einer notwendigen

Aktivisten der Bewegung »No Grandi Navi«

Evakuierung der Stadt ganz zu schweigen. Das sind nur einige der Tatsachen, die man sich vor Augen führen muss, um den Umgang mit diesen einhellig als wahre Schätze betrachteten menschlichen Schöpfungen zu begreifen. Denn die Städte gelten dabei nicht als etwas Bewahrenswertes, sondern als reine Waren oder Rohstoffe, die drastisch überausgebeutet werden. Immer mehr Touristen werden Tag für Tag in ihnen abgeladen. Immer mehr Immobilien werden an ausländische Privatunternehmen vermietet oder verkauft, die der Stadt als Kulturerbe und politischem Gemeinwesen gleichgültig gegenüberstehen.

Nicht anders ergeht es der symbolischen und imaginären Dimension, die genauso konstitutiv für die Existenz einer Stadt ist wie ihre materielle Struktur oder ihr soziales Gewebe. Was hier durch die Last eines entfesselten Tourismus zerstört wird, das sind die Identität und das Gedächtnis von Orten, das geduldige Wirken der Zeit, die Spuren derer, die Räume dadurch nach ihren Vorstellungen geschaffen haben, dass sie sie bevölkert und genutzt haben.

Wie Jane Jacobs unterstreicht: »Zeit ist für Städte von größter Bedeutung.«[4] Und sie fährt fort:

> »Eine starke Nachbarschaft kann sicherlich Neuankömmlinge aufnehmen, ob sie nun aus freien Stücken kommen oder aufgrund schierer Not eingewandert sind, und sie kann auch einer gewissen Zahl von Menschen Zuflucht bieten, die später weiterziehen. Doch ein solcher Zuwachs und Wechsel der Bevölkerung darf nur allmählich erfolgen. Wenn die Selbstverwaltung vor Ort funktionieren soll, braucht es neben jeder Bevölkerungsbewegung eine Kontinuität durch Menschen, die nachbarschaftliche Netzwerke geschaffen haben. Diese Netzwerke bilden das unersetzliche soziale Kapital einer Stadt. Geht dieses Kapital aus irgendeinem Grund verloren, dann versiegen auch die entsprechenden Erträge, bis sich mit etwas Glück langsam ein neues Kapital aufgehäuft hat.«[5]

»Willkommen zuhause!«

Was bleibt von dem einfachen Fischerviertel, das Barceloneta einmal war, wenn nicht die Fassade eines Airbnb-Schlafstädtchens, wie es sie aufgrund eines treffend »Gentritouristifizierung« genannten Phänomens an zahllosen anderen Orten gibt? Die Seele des Marktes La Boqueria, der seit 1840 existiert, wurde an den Tourismus verhökert; die Barceloner bleiben ihm heute fern, denn seit die Händler sich den Bedürfnissen der Touristen anpassen mussten, um zu überleben, finden sie dort nicht mehr, was sie brauchen. Die Selfie-Parade diktiert das Warenangebot und hat einen öffentlichen, gemeinsam genutzten Raum in eine Art Zirkus oder urbanen Zoo verwandelt.

Die Konkurrenz um die touristische Kundschaft treibt alle Städte und Regionen dazu an, erhebliche Summen in

Branding und PR zu investieren. Es gilt eine Besonderheit zu konstruieren und anzupreisen, die sich in Werbeslogans, einem Logo und Merchandise-Produkten erschöpft (»I love NY«, »I AM STERDAM«). Paradoxerweise führt dieses Distinktionsstreben zu einem vollständigen Identitätsverlust der Innenstädte durch gleichförmige Standardisierung: Überall sehen wir die gleichen Leuchtreklamen und Ladenketten. Von der Verstärkung territorialer Ungleichheit in diesem rastlosen Wettlauf, bei dem jedes Territorium nach dem Modell des erlauchten Kreises der »wichtigen Städte« gedacht werden soll, ganz zu schweigen.[6] Jede Stadt ist ein »einzigartiges Wesen«, wie Merleau-Ponty formulierte. Ein Eigenname, dessen bloßes Aussprechen eine ganze Welt, einen unverwechselbaren Horizont von Möglichkeiten heraufbeschwört. Die Vielfalt der Städte garantiert die Vielfalt der Wohn- und Siedlungsweisen, das Fortbestehen eines Sinns für die Einzigartigkeit der Existenz, eine Art Kompossibilität von Orten anderswo und in der Ferne. Heute ist diese Magie der urbanen Wirklichkeit auf den Rang einer Ware degradiert worden. Die Stadt wird ein Spektakel, ein standardisiertes Produkt für die in Massen herbeiströmenden Tourismuskonsumenten.

Ein bekannter Slogan der größten Online-Plattform für die Vermietung von Unterkünften lautet: »Willkommen zuhause!« Das ist die Maxime des heutigen Massentourismus, der auf möglichst wenig Fremdheit zielt. Die Städte erschöpfen sich in einer Reihe von Klischees, die jeder kennt. Sie werden zu »Zonen des maximalen Komforts und des minimalen Umherirrens«.[7] Ein solcher Tourismus, bei dem man sich anderswo wie zuhause fühlen soll, ist in Wirklichkeit das Gegenteil des Reisens. Man benimmt sich wie zuhause und sogar so, wie man es zuhause nie wagen würde.

»Willkommen bei uns!« – so lautete schon immer die treffendste Formel einer offenen und respektvollen Gastfreundschaft, bei der ein »Wir« notwendigerweise dem »Ihr« vorausgeht. Den Anderen bei sich zu empfangen ist nur denkbar, wenn das eigene Zuhause als etwas anerkannt wird, das vor diesem Akt besteht und Achtung verdient; wenn das »Wir« nicht von vornherein in der Beliebigkeit des Konsums aufgelöst wird. Was sich im Phänomen der Tourismusphobie ausdrückt, ist der Zerfall eben dieses Gefühls, dass das dauerhafte Leben in einer Stadt Vorrang hat vor ihrem bloßen Konsum und man zunächst einmal bei sich zuhause ist – und nur deshalb einen anderen überhaupt willkommen heißen kann. Das Attraktive am Reisen besteht gerade darin, dass es ein wirkliches Anderswo gibt, also eine Alterität, eine Begegnung und Fremdheit, und nicht darin, sich an einem anderen Ort wie zuhause zu fühlen, sich in irgendeiner beliebigen Stadt der Welt aufzuhalten, deren konkrete Wirklichkeit im Tauschwert einer globalisierten Urbanität verschwunden ist, und auf dieselbe Weise »hier« zu sein wie irgendwo anders.

Dass die heutigen Ausmaße des Tourismus in manchen der meistbesuchten Städte Europas das Gefühl der Einwohner beschädigen, bei sich zuhause zu sein, ist insofern keineswegs erstaunlich. Sie spüren eine Enteignung oder Entfremdung eines wesentlichen Teils ihrer selbst, nämlich dass sie in einem »Hier« verankert sind, das sich von jedem anderen Ort unterscheidet und zur Konstruktion ihrer Identität beiträgt. Erinnern wir uns, dass die Herausbildung eines »Wir« vollständig von der Verankerung in einem »Wo« abhängt. Tourismusphobie ist nichts anderes als ein Ausdruck der Bedrängnis von Menschen, die aufgrund eines Enteignungsprozesses nicht länger wissen, *wo* sie sind. Sie erkennen sich in dem, was sie sind, nicht mehr wieder, weil sie den Ort, an dem sie sind, nicht mehr wiedererkennen. Der Konsum von Orten beschädigt und verstümmelt die Möglichkeiten, dauerhaft an ihnen zu leben, der *Overtourism* macht sie durchweg unbewohnbar. In unseren Städten ist überall dieselbe destruktive Logik am Werk: Das Gemeingut Stadt, jene »künstliche Heimat des Menschen«[8], von der der Architekt Aldo Rossi spricht, wird von einer Logik der Vermarktung und finanziellen Verwertung beschlagnahmt. Man kann die immer häufigeren Maßnahmen zur sogenannten »Aufwertung« und »Revitalisierung« von Orten schon gar nicht mehr zählen – Etiketten, die die Enteignung des öffentlichen Raums kaschieren sollen.

Am erstaunlichsten bei all dem ist allerdings, wie wir uns von diesen entfremdeten und enteigneten Räumen anziehen lassen. Wir eilen quer durch Europa und die ganze Welt, um solche »vermarkteten« Städte zu erleben, Urbanität zu konsumieren und auf unserer langen To-do-Liste von Reisezielen einen weiteren Namen abzuhaken. Es geht mir wohlgemerkt nicht darum, irgendwem Vorwürfe zu machen oder einen pauschalen Bannfluch über den Tourismus auszusprechen. Doch die Stärke des Phänomens ist verblüffend.

Auf die Gefahr hin, die Aussicht auf einen Besuch von Venedig, Dubrovnik oder Brügge zu verlieren, sollte man vielleicht der Verlockung widerstehen und solche Reiseziele massiv boykottieren, um mehr Verantwortung zu beweisen und indirekt zu einer anderen Stadtentwicklung beizutragen. An die Orte, die ein Muss sind, muss man nicht reisen. Und dies gilt umso mehr, als wir solche Orte oftmals als enttäuschend und verstümmelt erleben, sobald wir die eigenen Bedürfnisse aus dem Griff der touristischen Traumwelt befreit haben. Wer hätte noch nicht darüber geklagt, dass man die Piazza San Marco nicht mehr genießen, die Sixtinische Kapelle nicht mehr bestaunen kann, weil es dort »zu viele Touristen« gibt? Es ist frappierend, wie sehr die Produktion der Stadt und die urbane Erfahrung sich am Vorbild von Kunstmuseen und Shopping Malls orientieren. Und wenn wir also selbst immer »für jemand anderen der Tourist« sind, so scheint doch tief im Inneren eines jeden Touristen zugleich ein eingefleischter Tourismusfeind zu schlummern. Ein merkwürdiges Phänomen der Verkehrung; wenn das heutige Individuum das Gefühl hat, dass es getäuscht wurde oder zu einem Debakel beigetragen hat, entwickelt es Selbsthass.

Unsere Städte sind »Zones à défendre«

In ihrer ganzen Ambivalenz – denn die betreffenden Städte sind stark vom Tourismus abhängig, und das ist allen Einwohnern bewusst – drückt sich in der Ablehnung von Touristen eine Pathologie der urbanen Demokratie aus, die die ansässige Bevölkerung trifft. Tourismusphobie entspringt weder einer identitären Reaktion noch bürgerlicher Empörung über die Belästigung durch allzu feuchtfröhliche Zusammenkünfte, sondern stellt eine defensive Reaktion dar, einen Fieberschub. Die Bevölkerung kämpft, weil die kommunalen Behörden ihre Städte den Raubtieren des Marktes ausliefern. In gewisser Weise handelt es sich um das negative Pendant zur Ausübung eines Rechts auf Stadt – angesichts der pathologischen Entwicklung eines urbanen Raums, der es nicht mehr zulässt, dass man ihn bewohnt, und das Gefühl auslöscht, bei sich zuhause sein zu können. Tourismusphobie drückt den Kampf einer Gruppe von Menschen um Anerkennung aus, die spüren, wie sehr sich die Stadtentwicklung gegen sie richtet.

Als Gegensatz zu einer Stadt, die durch und für ihre Bewohner gestaltet wäre, werden ganze Viertel zu Gebieten, die gegen Spekulation und ausufernden Tourismus verteidigt werden müssen, zu »Zones à défendre«. Damit die Stadt ein Ort bleibt, an dem man leben, den man bewohnen kann, anstatt sie am Wochenende bloß zu konsumieren. Letztlich ist es die Idee der Stadt schlechthin, die es heute angesichts all dessen, was das Gegenteil von ihr hervorbringt, zu verteidigen gilt. Heute ist »die Stadt (...) minoritär geworden innerhalb des urbanen Raums«, der noch »Momente von Stadt umfasst, aber auch etwas, das mit Stadt nichts gemein hat«.[9]

Im Zuge einer gründlich verdrehten Dialektik, die wir bereits anhand des abschreckenden Mobiliars erkennen konnten, hat in Wirklichkeit niemand etwas von der Verwandlung der Städte in touristische Konsumorte ... abgesehen von den Investoren. Ein bestimmtes Modell von Stadt, das auf Entscheidungen der Tourismusindustrie zurückgeht und an einigen privilegierten Orten entwickelt wird – Niort ist nicht Barcelona, darin kann man Michel Houellebecq zustimmen –, wirkt sich aufgrund seines paradigmatischen Status und der verallgemeinerten Konkurrenz zwischen Städten auf sämtliche urbane Ensembles aus. Doch auch wenn es fraglos zutiefst idealistisch ist, es so zu formulieren: Die Stadt ist kein kommerzielles Produkt. Sie ist keine Ware wie jede andere, so sehr es dem Bürgermeister von Dubrovnik auch missfallen mag. Der »tourismusphobe« Widerstand von Einwohnern Venedigs oder Barcelonas ist vergleichbar mit dem Widerstand von Menschen, die Naturgebiete und Landschaften gegen die Bedrohung durch destruktive Infrastrukturprojekte verteidigen. Das urbane Ökosystem, die Vielschichtigkeit seines allmählich entstandenen Erbes als ein menschliches Milieu, muss bewahrt und vor denen geschützt werden, die es auf einen reinen Tauschwert reduzieren wollen. Dies gilt erst recht, wenn man *eine andere*, mit den ökologischen und klimatischen Erfordernissen, denen wir ins Auge sehen müssen, besser vereinbare Stadtentwicklung anstrebt.

Die systematische Infragestellung der heute vorherrschenden, aber keineswegs einzigen oder alternativlosen Formen von Tourismus – die Frage, wie sich eine bestimmte Art des »Reisens« auf unsere Städte auswirkt, sie zerstört – hat nichts mit einem Plädoyer dafür zu tun, allein die Bedürfnisse der lokalen Bevölkerung zu berücksichtigen, sofern man darunter die Partikularinteressen der Bewohner eines Viertels versteht. Dauerhaft an einem Ort zu leben ist etwas anderes, als dort bloß eine Wohnung, eine Unterkunft zu haben. Angesichts der Privatisierung des urbanen Raums und seiner Unterwerfung unter die Warenlogik muss die Stadt als ein Gemeingut verteidigt werden, als etwas, was das Allgemeininteresse der Bewohner im weitesten Sinne betrifft.

Die urbane Gemeinschaft umfasst weit mehr als die Menschen, die in einem bestimmten Viertel leben oder sich zu verschiedenen Zwecken darin aufhalten. Diese Gruppen fordern auch oft Maßnahmen, die bestimmten Ansprüchen wie etwa Sicherheit oder Ruhe den Vorrang geben – zulasten des Allgemeininteresses (Aufstellen von Mobiliar; öffentliche Räume und Orte des Zusammenlebens, die potenziell Lärm verursachen usw.) oder der Förderung von Urbanität. Ebenso bestehen die Interessen von Eigentümern und Vermietern zumeist ausschließlich in der Wertsteigerung ihrer Immobilien. Angesichts möglicher Interessen- und Nutzungskonflikte ist es wichtig, dass Stadtverwaltungen ihrer Aufgabe gerecht werden, das Allgemeininteresse der Einwohnerschaft insgesamt zu vertreten, indem sie auf die Herstellung eines hochwertigen Raums für alle achten.

Aber seien wir nicht naiv: Um dies zu erreichen, müssen die Bürger oder Einwohner eines Viertels selbst aktiv werden und sich *für die Verteidigung des öffentlichen Raums des Allgemeininteresses* organisieren. Möglich ist dies durch Initiativen und das Aufbauen von Druck in stadtpolitischen Debatten und Stadtteilräten, um den Versuchen einer Beschlagnahme von Raum, eigenmächtigen Entscheidungen und dem Übergewicht von Privatinteressen entgegenzuwirken. Wie ein fragiles Ökosystem muss der öffentliche

Raum von seinen Nutzern geschützt werden, denn sie sind die Hauptbetroffenen. Das Gemeinwohl ist die Voraussetzung eines demokratischen Zusammenlebens. Es sind *unsere Städte*, die auf dem Spiel stehen und tagtäglich angegriffen werden. Deshalb ist es dringlich, dass wir *uns* verteidigen, indem wir *sie* verteidigen.

Nachbarschaftliches Zusammenleben

Wenn die lokale Bevölkerung angesichts der räumlichen und sozialen Organisation der heutigen Stadt, die die Menschen unübersehbar voneinander isoliert und Formen gesellschaftlicher Solidarität aushöhlt, ihr Recht auf Stadt auf etwas eigenartige, nämlich defensiv-tourismusphobe Art geltend macht, dann offenbart sie damit letztlich ein gemeinsames Anliegen, das durch das gemeinsame Nutzen eines Raums entsteht. Zusammenzuleben ist die Quelle der Bildung eines *Wir*. Dieses Wir gewinnt einen expliziten Charakter, wenn das Zusammenleben schwierig und das dauerhafte Bewohnen der Stadt zu einem Problem wird, das es zu lösen gilt – in diesem Fall durch die Auswirkungen des Massentourismus, der bestimmten Vierteln regelrechte Schläge versetzt. Angesichts einer solchen pathologischen Veränderung ihrer Umgebung werden sich die Bewohner ihrer selbst als einer *Öffentlichkeit* bewusst – als einer Gemeinschaft, die gemeinsame Interessen hat, weil die Folgen einer bestimmten Situation alle betreffen. Die Initiativen, die sich unter der Losung »Recht auf Stadt« bilden, um sich gegen die Verachtung der Bevölkerung zu wehren und der pathologischen Entwicklung der Orte ihres Lebens entgegenzuwirken, sind Öffentlichkeiten im strengen Sinne der Definition von John Dewey. Wenn die Entscheidungen einer Stadtverwaltung, die Auswirkungen der allseitigen Konkurrenz von Städten um Touristen sowie die kommerziellen Strategien von Unternehmen wie Airbnb und Low-Cost-Airlines sich derart miteinander verbinden, dass sie ein Viertel zerstören und Menschen zum Wegzug drängen, dann kann man sehr konkret beobachten, was Dewey als Entstehung einer Öffentlichkeit beschrieb – ein Ensemble von Menschen, die unter denselben negativen Auswirkungen leiden.

Wenn »das Mittel gegen die Krankheiten der Demokratie mehr Demokratie ist«[10] und die Demokratie ihrer gesellschaftlichen Bedeutung nach »nicht eine Alternative zu anderen Prinzipien des assoziierten Lebens« darstellt, sondern »die Idee des Gemeinschaftslebens selbst«[11], dann ist die Frage nach der Entstehung von Öffentlichkeit gleichbedeutend mit der Frage nach einer radikalen Demokratisierung. Unter Demokratie versteht Dewey weniger eine Regierungs- als eine Lebensform, die ein gutes Umfeld für gesellschaftliche Experimente bietet. Aus dieser Perspektive betrachtet erfordert eine »Idee der Demokratie (…), die nicht utopisch ist«[12], die starke und lebendige Verankerung in einem gemeinsamen *Leben* und einem gemeinsamen, geteilten *Milieu*. Die Möglichkeit eines demokratischen *Wir* ist abhängig von einem lokalen, im gemeinsamen Leben verankerten *Wo*. Aufgrund der Anonymität und Isolation in den Großstädten ist es an der Zeit, wieder »von Angesicht zu Angesicht bestehende Gemeinschaften«[13], also Nachbarschaft herzustellen: »Es heißt, und zwar zu Recht, für den Weltfrieden sei es notwendig, daß wir die Völker fremder Länder verstehen. Doch wie gut, frage ich mich, verstehen wir unsere Nachbarn von nebenan?«[14]

»Die Demokratie muß zu Hause beginnen, und ihr Zuhause ist die nachbarschaftliche Gemeinschaft.«[15] Dieses Zuhause der Demokratie, der Ort, an dem allein eine Art *Wir* Sinn gewinnen kann, ist für die meisten von uns die Stadt, genauer: unser Viertel, der Raum, den wir tagtäglich durchstreifen. Auf schmerzhafte Weise haben dies diejenigen gelernt, denen ihre eigenen Orte genommen wurden und die sich zu organisieren versuchen, um ihr Recht auf ein demokratisches und urbanes Zusammenleben geltend zu machen.

Privatisierung

> »Hochwertige öffentliche Räume, aber verwaltet und finanziert von Privatunternehmen. Wir denken, dass das ein guter Weg ist, der uns weiterbringt.«
>
> DER LONDONER STADTENTWICKLUNGSBEAUFTRAGTE

Business Improvement District

Um einen Eindruck davon zu bekommen, was sich hinter dem etwas kryptischen, ja mysteriösen Kürzel BID verbirgt, empfiehlt sich das Experiment, bei Google Bilder den Suchbegriff »Business Improvement District« einzugeben. Sofort befindet man sich in der faszinierenden Welt der heutigen Stadtentwicklung, im *Dallas* der Urbanität, dem *Nonplusultra* der urbanen Produkte. Man sieht eine Reihe von Logos, die für sehr vielfältige und unvergleichliche Orte, Geschichten, Geografien und Bevölkerungen stehen, doch all das verschwindet in der bemerkenswerten Uniformität eines Markenimages; welche Einzigartigkeit eines Kontinents oder Landes, einer Region oder eines Stadtviertels jenseits solcher Logos liegt, ist schwer zu erahnen. Man begegnet auch einer Reihe von Versprechen: Beworben werden Viertel, die gesünder, gepflegter, sicherer und gastfreundlicher (!) seien. Vor allem aber sollen sie eine Vermehrung von Kapital, mehr Umsatz und eine durchaus rätselhafte »Verschönerung« garantieren – denn was für eine Art von Schönheit sollte das sein, die von einer solchen sauberen, sicheren Hochburg des Wohlstands quasi automatisch hervorgebracht wird? Und schließlich sieht man wunderschöne Fotos von einem idealen urbanen Leben: lächelnde, kerngesunde Angestellte, die sich um die Grünflächen im Viertel kümmern, freundliche Polizisten, die ihre Runde drehen und dabei mit Passanten scherzen, schöne Geschäftsgebäude, zwischen denen eine stolze und glückliche – und, nebenbei bemerkt, überwiegend weiße – Bevölkerung umherspaziert, entzückt darüber, dass sie in einer so perfekten Umwelt einen so tollen Augenblick genießen darf. Willkommen in der wunderbaren Welt des BID! So sieht eine von zahllosen Formen aus, in denen sich heute die Privatisierung des öffentlichen Raums vollzieht.

Das BID gilt manchen mit Blick auf Stadtentwicklung und die Revitalisierung von Vierteln als ein überaus effektives Werkzeug der Innovation. Im Kern besteht das Modell in einer Privatisierung von ganzen Gebieten der Stadt: Sie gelangen unter die Kontrolle privater Vereinigungen. BIDs beruhen auf der Zusammenarbeit von Kommunen und privatwirtschaftlichen Akteuren. Die Immobilienbesitzer:innen in gewerblich genutzten Straßenzügen erhalten im Gegenzug für eine Sonderabgabe die gesetzliche Erlaubnis zu Vereinigungen, die ihr Geschäftsumfeld verbessern sollen. BIDs entstehen somit dadurch, dass vom öffentlichen Raum der Stadt ein privatisiertes Gebiet abgetrennt wird. Als eine solche Art Staat im Staate sollten BIDs ursprünglich eine Lösung für die Finanznöte von Kommunen bieten, die besonders in den Bereichen Sauberkeit und Sicherheit zu spüren waren.

Das erste BID entstand 1970 in Toronto, doch schnell breitete sich das Modell weltweit aus: Heute gibt es allein in den Vereinigten Staaten 1.200 BIDs, davon 70 in New York, die sich vor allem in gehobenen Gegenden konzentrieren. BIDs existieren aber auch in Großbritannien, den Niederlanden, Deutschland – mehr als ein Dutzend alleine in Hamburg –, Australien, Südafrika und an etlichen weiteren Orten. Die gesetzlichen Regelungen unterscheiden sich zwar stark von Land zu Land, aber der Gründungsprozess ist immer derselbe. Die Gewerbetreibenden eines Quartiers schließen sich zusammen und beantragen bei der Stadtverwaltung die Einrichtung eines BID. Wird er genehmigt, obliegt seine Verwaltung einem aus Immobilienbesitzern, Gewerbetreibenden und Gemeindevertretern gebildeten Rat. Meistens wird dafür zudem eine Fachkraft eingestellt, die so gewissermaßen zur Managerin des Quartiers aufsteigt und es nach Kriterien lenkt, die bereits im Namen BID klar ausgesprochen werden: Es geht um die Ankurbelung des Geschäfts. Mit einem Wort: Ein Gebiet zum Nutzen des Business, hergestellt durch das Business.

Ungeachtet zahlreicher Anhänger:innen – auch viele Vertreter:innen der kommunalen Verwaltung konnten für das Konzept gewonnen werden – ist ein solches »Werkzeug« zur Produktion von urbanem Raum extrem gefährlich. Nicht nur für den öffentlichen Raum, sondern auch aufgrund des Modells von Stadt, das damit installiert und propagiert wird.[1] Die Ausbreitung von BIDs – das ist das Mindeste, was man sagen kann – stellt die demokratische Verfasstheit der heutigen Städte infrage und wirft in gröbster Manier die Frage nach dem Recht auf Stadt auf: Wer sind wirklich die Akteure, die die Stadt gestalten? Sind die Kommunen noch Garanten einer für alle offenen, zugänglichen Stadt? Haben die Einwohner noch etwas mitzureden, und welches Gewicht kommt ihnen neben den Politiker:innen, Technokrat:innen, Stadtplaner:innen und Architekt:innen zu, die unsere Städte entwerfen und prägen?

In Jackson Heights

In seinem hervorragenden Dokumentarfilm *In Jackson Heights* (2015) bietet uns Frederick Wiseman einen faszinierenden Einblick in das Leben eines der multikulturellsten Viertel New Yorks, das wie kaum ein anderes verkörpert, was Stadt eigentlich bedeutet. Wisemans Bilder fangen das urbane Leben in seiner ganzen Vielfalt ein und lassen uns in jene gesellschaftliche Realität eines Geflechts von Tätigkeiten eintauchen, die dieses Leben hervorbringen.

Die Kamera des Dokumentarfilmers folgt insbesondere einer Gruppe von Anwohnern und Kleingewerbetreibenden, die gegen die Einrichtung eines BID in ihrem Viertel kämpfen. Hier sieht man, wie der Zusammenschluss von Menschen, die die Sorge um *ihr* Viertel verbindet, eine kollektive Intelligenz hervorbringt – ein Wir, das darauf beruht, gemeinsam an einem bestimmten Ort zu leben. Man sieht aber auch, wie viel Zynismus und Gewalt die Installierung eines BID begleiten. Die Verwandlung eines Viertels wie Jackson Heights in einen privaten Raum ist in Wirklichkeit weit entfernt vom idyllischen Bild einer Selbstorganisation von Geschäftsleuten, die sich in Absprache mit der Lokalbevölkerung besser um die gemeinsame alltägliche Umwelt kümmern. Wie etliche Menschen in dem Film unterstreichen, treten als Triebkraft bei der Einrichtung von BIDs zumeist Investoren auf, die gar nicht aus dem Viertel oder auch nur der Stadt stammen – Firmen, Gruppen oder Rentenfonds, denen bereits etliche Gegenden in der Stadt gehören. Sie spekulieren mit dem urbanen Leben, um ihre Profite zu maximieren, was, anders als von der Bezeichnung BID nahegelegt, der lokalen Bevölkerung wenig nutzt, sondern ihren Interessen eher zuwiderläuft. In einer so prestigereichen Stadt wie New York interessierte sich anfangs kaum jemand für das bescheidene Einwandererviertel Jackson Heights. Da die Insel Manhattan jedoch übersättigt ist und man von Jackson Heights mit der U-Bahn in 30 Minuten das Stadtzentrum erreicht, geriet es plötzlich ins Blickfeld von Investoren auf der Suche nach Profitquellen.

Doch was genau geschieht in diesem Kampf von Bürgern um eine Gegend wie Jackson Heights? Zum einen sieht man hier sehr deutlich etwas am Werke, was sich ohne Weiteres als Demokratiesimulation und regelrechte Desinformationskampagne bezeichnen lässt. Die BID-Verfechter setzen zwei zutiefst unredliche Strategien ein: die Lüge und das Zurückhalten von Informationen. Um das Modell zu implementieren, muss nachgewiesen werden, dass unter den Geschäftsleuten des Viertels ein Konsens darüber besteht. Die Kommune kann das gesetzliche Verfahren erst initiieren, wenn sie hinreichend Grund zu der Annahme hat, dass eine Mehrheit der Immobilienbesitzer und Gewerbetreibenden das BID unterstützt. Die einfachen Anwohner werden praktisch übergangen, schließlich gilt das Privateigentum in Amerika als unverletzliches Prinzip; mehr noch: Die Tatsache, dass die Lokalbevölkerung kein Mitspracherecht genießt, wird sogar als Schlüssel zum Erfolg betrachtet! Um das BID einzurichten, muss an alle Gewerbetreibenden im Viertel ein Brief mit der Bitte geschickt werden, dafür oder dagegen zu stimmen. Doch abgesehen davon, dass die allermeisten Betroffenen in Jackson Heights Latinos sind, die kaum oder gar nicht Englisch sprechen, ersticken sie ohnehin schon unter einer Papierflut und nehmen sich mitunter nicht einmal die Zeit, ihre Post vollständig zu lesen. Hinzu kommt, dass die große Mehrheit von ihnen gar nicht einschätzen kann, was bei der Einrichtung eines BID auf dem Spiel steht, oder nicht einmal weiß, was sich hinter dem Kürzel verbirgt. Beim Abstimmungsverfahren werden Desinformation und Zeitmangel ausgenutzt: Als Ablehnung des Projekts gelten nur ausdrücklich negative Antworten, alle nicht zurückgeschickten Briefe werden dagegen automatisch als »Ja« gezählt. Der gewaltigen Mehrheit der Stimmberechtigten ist dies natürlich gar nicht bewusst, da es nicht an prominenter Stelle ausdrücklich erläutert wird.

Die – wohlgemerkt vorgeschriebenen – Informationsveranstaltungen wiederum werden meistens kaum bekannt gemacht. Zu einer begründeten Entscheidung zu gelangen, ausgehend von gegensätzlichen Auffassungen und geduldigen, fundierten Debatten, ist jedoch von vornherein ausgeschlossen, wenn die dafür notwendigen Foren nicht ausreichend beworben werden.

Und schließlich betreiben die BID-Initiatoren selbstredend eine intensive Lobbyarbeit, mit der sie die Situation vollkommen einseitig darstellen: Es gibt nur Vorteile. Sie versprechen mehr Sauberkeit und Sicherheit, Investitionen in gemeinsame Anlagen sowie Zuzüge und Besucher von außerhalb, die den Gewerbetreibenden im Viertel mehr Umsatz bescheren. Kurzum: In der besten aller möglichen neoliberalen Welten steht alles zum Besten!

Der angestrebte Deal kann demnach nur eine Win-win-Situation sein. In Wirklichkeit stellen sich die Absichten, Fakten und Folgen, um die es dabei geht, aber leider ganz anders dar. Den irregeführten Betroffenen wäre dies erst im Nachhinein klar geworden – wenn das BID bereits unwiderruflich eingerichtet ist –, hätte es nicht eine gewisse Zahl von wachsamen Anwohnern gegeben. Eine bemerkenswerte Szene des Films zeigt eine Versammlung von Gewerbetreibenden, die gemeinsam gegen das BID aktiv werden wollen. Ein Kleinunternehmer erläutert dort überaus scharfsinnig die Ursachen und Folgen des Vorhabens: Die Einrichtung des BID und die neue kommerzielle Attraktivität des Quartiers führen zwangsläufig zu höheren Wohn- und Gewerbemieten; die kleinen Läden, die seine ganze Vielfalt und Lebendigkeit ausmachen, könnten sich dies nur schwer leisten; die großen Ketten hingegen, die allein solche Mietkosten tragen könnten, suchen stattdessen Objekte, die viel Verkaufsfläche bieten; die Vermieter kleiner Ladengeschäfte stecken daher in der Klemme: Sie finden keine Mieter mehr, können aber die gestiegenen Kosten selbst auch nicht schultern. Damit schließt sich der Kreis. Und dann treten die Akteure hinter dem BID auf den Plan, kaufen nach und nach die kleinen Liegenschaften und Läden auf, lassen sie abreißen und durch höherwertige, luxuriöse Gebäude für eine zahlungskräftigere Kundschaft ersetzen – für die »Gringos«, wie der Redner auf der Versammlung sie nennt. Das Ergebnis: eine Strategie der systematischen Verdrängung von Anwohnern aus ihrem eigenen Viertel, eine Zerstörung der unverwechselbaren Identität von Orten, eine Homogenisierung des städtischen Raums durch die Auslöschung von Differenzen.

Was angeblich den Kleingewerbetreibenden dient, führt somit beinahe automatisch zu ihrer Vertreibung – eine brutale Logik der Enteignung, denn sie trifft die, die Jackson Heights zu dem gemacht haben, was es ist; nun werden sie ausgeschlossen und aus dem Viertel verdrängt, das ihnen so viel verdankt. Darin besteht zweifellos das Unerträglichste an dieser Privatisierungsstrategie. Was hier zutage tritt, ist eine dezidiert und unverhohlen antidemokratische Logik der Raumproduktion. Eine praktische Negation des Gedankens eines Rechts auf Stadt, ein regelrechter Guerillakrieg gegen die urbane Demokratie, der die Organisation der Anwohner unbedingt notwendig macht, auch wenn sie nicht immer viel erreicht. Jedes Viertel ist in Gefahr, im Sturm genommen zu werden. Das Recht auf Stadt ist heute viel weniger ein positiver Entwurf als ein *defensives* Recht im Kampf um städtische Gebiete.

Das BID ist eine Art und Weise, die Stadt zu töten. Was viele Besucher für einen Tag oder einen Abend nach Jackson Heights zieht, ist seine Einzigartigkeit – Restaurants, wie es sie sonst nirgends in New York gibt, eine gewisse

Authentizität, eine Atmosphäre, die vor allem den zahllosen kleinen Läden und Straßenständen mit ihrem bunten und günstigen Angebot zu verdanken ist. Eben sie werden in der auf Hochglanz und Sicherheit getrimmten Welt des BID als erste verschwinden. Die von seiner Einrichtung bewirkte Gentrifizierung wird die lebensfrohe Vielfalt der Koexistenz von Farben, Nationalitäten, Sprachen, Klängen, Gerüchen, Altersgruppen, Rhythmen und alltäglichen Bewegungen zugunsten des Grau in Grau der aseptischen neoliberalen Stadt verdrängen. Eine solche Privatisierung des Urbanen führt daher unbestreitbar zu einer Verarmung der sinnlichen Vielfalt, die eine Stadt ausmacht, einem spürbaren Verlust an Arten, sie zu bewohnen und zusammenzuleben. Das buntscheckige Muster der urbanen Welt, die gesamte Vielfalt, die aus ihr eine einzigartige Lebensweise macht, wird systematisch von der machtvollen Bewegung einer nicht nur wirtschaftlichen, sondern auch moralischen Normierung verdrängt.

Räume der Kriminalität

Als Ausweitung der kommerziellen Sphäre zielen BIDs de facto auf die Produktion eines stereotypen normativen Modells. Sie fördern bestimmte Arten urbaner »Ökosysteme«, in denen eine auf Leistung geeichte, von Hygiene besessene Moral ihren vollkommensten Ausdruck findet – ein Kennzeichen neoliberaler Räume. Nichts darf von der Norm abweichen. Nichts darf den Gang der Geschäfte stören. Nichts am urbanen Leben darf aus einem Rahmen fallen, der auf die Formel *Clean & Safe* gebracht wird. Doch unter dem Anschein allseitig intakter Quartiere, die in einem positiven Kreislauf ihre eigenen Erfolgsrezepte verbreiten, verbirgt sich eine mehr oder minder sichtbare Gewalt, die die Voraussetzungen für den Fortbestand der urbanen Ordnung absichert. Es ist überaus kennzeichnend für die privatisierten Räume der BIDs, die nichts weniger ertragen als die sichtbaren Folgen einer gescheiterten Sozialpolitik (Betteln, Kleinkriminalität, Müll), dass sie zugleich disziplinierende, dem obsessiven Willen zu einer permanenten Kontrolle unterworfene Räume sind: Privatfirmen sorgen für Sicherheit, der Einsatz von Überwachungskameras, Biometrie und Gesichtserkennung erweist sich als eine wesentliche Voraussetzung für die Aufrechterhaltung des Systems.

Die Sicherheitsideologie, die in alle unsere Städte eindringt und die unbewusste Konstante bei ihrem Umbau bildet, ist heute mehr denn je das Leitprinzip bei der Verwaltung des Raums. Entsprechend sind die sozialen Beziehungen innerhalb der BIDs von einem Klima des Misstrauens und Verdachts, ja der systematischen Feindseligkeit gegenüber Nutzern und Besuchern beherrscht. Die verstärkte Präsenz der Polizei, die direkt mit BID-Managern und Geschäftsleuten zusammenarbeitet, sowie die allgegenwärtigen Überwachungskameras zeugen von einer pathologisch-besessenen Abwehrbereitschaft: Hier gilt jede Person potenziell als Straftäter, Unruhestifter und Gefahr für die sorgfältig orchestrierte Ordnung und Außendarstellung dieser Räume, die von ihrem eigenen Traumbild leben; hier herrscht keinerlei Unschuldsvermutung – von Wohlwollen ganz zu schweigen –, sondern ein prinzipielles, uneingeschränktes Misstrauen.

Was am Extrembeispiel des BID deutlich wird, ist gleichwohl auf bestem Wege, sich als allgemeingültige Norm für sämtliche Räume durchzusetzen. Das Erste, woran die große Mehrheit der Architekt:innen, Stadtplaner:innen und Verwaltungskräfte heute grundsätzlich denkt, sind Sicherheitsfragen. Wie oft hat man nicht in Gesprächen mit solchen Spezialist:innen über verschiedene Gestaltungsmöglichkeiten von Projekten gehört, diese oder jene Option sei aus Gründen der Sicherheit *absolut* ausgeschlossen. Ein frei zugänglicher Raum zum Beispiel muss demnach zwangsläufig Schaden erleiden, so als handele es sich dabei um ein Naturgesetz – eine bis zur Ermüdung wiederholte Leier.

Eine für die Straßburger Stadtverwaltung tätige Architektin vertraute mir einmal an, sie könne gar nicht mehr anders, als immerzu in Begriffen von Sicherheit zu denken – eine Art Kapitulation vor der unbewusst wirkenden Sicherheitsideologie des urbanen Projekts. So als sei es unumgänglich, Fragen von Architektur primär mit Blick auf solche ewig wiederkehrenden Bedenken zu behandeln: »Nein, das ist leider nicht möglich ... wegen der Sicherheit!« Der einzige Ausweg besteht offenbar darin, dass man das Problem umschifft, um sich tatsächlich ein wenig der eigentlichen Architektur widmen zu können, ohne dabei aber gegen das sakrosankte Dogma der Sicherheit zu verstoßen. Das erklärt, warum so viele Architekt:innen und Mitarbeiter:innen von Planungsämtern an Burnout leiden – oder resignieren. Das Wagnis des schlichten menschlichen Aktes, anderen mit Vertrauen zu begegnen, verlangt ihnen heute all ihren Mut und eine starke Überzeugung ab. Doch nur eine Architektur des Vertrauens kann noch hoffen, Räume *für* alle zu schaffen; Räume, die die Freiheit bieten, sie ganz unterschiedlich zu nutzen und Leben zur Entfaltung zu bringen, anstatt mit einer *gegen* die Nutzer gerichteten Architektur zu versuchen, Verhaltensweisen zu unterbinden, die a priori als suspekt oder schädlich für die schöne Maschinerie der Profitmaximierung verurteilt werden.

In noch größerem Maßstab als das obdachlosenfeindliche Mobiliar führt die Privatisierung ganzer städtischer Gebiete zu einer Architektur der Verachtung, denn prinzipiell kann jeder, der sich hier aufhält, kriminalisiert werden. Darüber entscheiden im Grunde nur noch zwei Variablen, anhand derer die Identität der betreffenden Person bestimmt wird: eine positive, nämlich der Besitz eines gut gefüllten Portemonnaies, und eine negative, nämlich der Verdacht, sie könnte sich unbotmäßig verhalten – und eben darauf wird sie reduziert. Die Verstümmelung subjektiver Identität erreicht hier ihren Höhepunkt; das Individuum wird entweder anhand seiner Kaufkraft beurteilt oder anhand eines Bündels an Verhaltensweisen, die ins Visier von Techniken der Überwachung und des Schutzes der Ordnung geraten sind.

Mehr noch: Das Sicherheitspersonal des BID bekämpft nicht nur die Verhaltensweisen, die die Designer von abschreckendem Mobiliar als »antisozial« klassifizieren. Der utopische Drang zu einer unumschränkten Herrschaft des kommerziellen Ethos kriminalisiert darüber hinaus auch allerhand Tun, das man für vollkommen harmlos und unschuldig halten könnte: Essen, Trinken, sich Hinsetzen, Filmen, Fotografieren ... vom Demonstrieren ganz zu schweigen. Damit verkörpert das BID den äußersten utopischen Horizont neoliberaler Räume, in denen alles genauestens gemessen, kontrolliert und antizipiert wird durch ein Ensemble von Techniken, die nichts Unvorhergesehenes mehr zulassen; jedes BID hat sein eigenes Regelwerk. Die Frage, wie sich an gemeinsam genutzten Orten ein kollektives Bewusstsein, eine Lebens- und Wertegemeinschaft bilden könnte, taucht in den gedämpften Räumen des BID gar nicht erst auf, ja wird gewissermaßen tabuisiert: Wo man dem Einzelnen misstraut, ist jede Gemeinschaft erst recht suspekt. Im feindseligen Raum wird jedes Zusammensein als Ausdruck einer Art Bande, Horde oder Gang betrachtet; Versammlungen sind in vielen BIDs daher schlicht verboten. Das BID existiert in einem permanenten Notstand, einem institutionalisierten Ausnahmezustand, es soll eine Insel der maximalen Sicherheit inmitten des Großstadtdschungels herstellen, in dem angeblich ein Krieg aller gegen alle herrscht.

Von der Shopping Mall zum Ghetto

Die Logik der Privatisierung, für die das BID eine besonders exemplarische Form ist, stellt nicht nur die Demokratisierung der Stadt infrage, sondern den Gedanken einer gemeinsam genutzten Welt schlechthin, die auf der Gestaltung einer öffentlichen Sphäre beruht. Wie oben ausgeführt, drückt sich in den privatisierten Gebieten des BID ein Verständnis von Raum als bloßer Ressource aus, die maximalen Profit abzuwerfen hat. Die städtische Umwelt wird nach dem Modell von Shopping oder eines Finanz- und Handelsunternehmens behandelt, mustergültig zu beobachten am Paternoster Square in der Londoner Innenstadt oder auch an den alten Docks der Canary Wharf: Orte, konzipiert von Bankern für Banker.

Der städtische Raum ist demnach ein Produkt, das es zu verwerten und auszubeuten gilt; die Folge besteht in einer Standardisierung solcher »Produkte« und einem entsprechenden Verlust der Identität und Besonderheit von Stadtvierteln.[2] Entscheiden darf nach dieser Logik des Ausschlachtens, wer Eigentümer von Grund und Boden ist, und eine Aneignung urbaner Räume, die sich nicht in Besitz und Eigentum erschöpft, ist gar nicht mehr denkbar – eine sehr drastische Antwort auf die Frage, wer ein Recht auf Stadt hat. In einer solchen Optik sind die neuen Eigentümer urbaner Räume die maßgeblichen Akteure der Stadtentwicklung. Bei ihnen handelt es sich jedoch ganz überwiegend um Personen, deren Beruf in der Erwirtschaftung von Gewinn besteht, nicht in der Gestaltung der Stadt. Große Handelsketten wie Ikea oder Auchan avancieren zu Schlüsselakteuren der urbanen Entwicklung, ganze Gebiete werden ihnen überantwortet. Aber auch die Größen der Architektur, die »Stararchitekten«, schlafen nicht und stecken ihre Claims ab. Der Auftrag für die »EuropaCity« zum Beispiel, ein neues Quartier des Projektentwicklers

Immochan, das im Rahmen des Regionalplans »Grand Paris« entsteht, ging an das renommierte dänische Büro BIG des Architekten Bjarke Ingels. Als Spezialist:innen für die Produktion spektakulärer Architekturbilder und unter Einsatz des enormen Prestiges, das ihr Büro durch Zeitschriftenbeiträge, Ausstellungen und die Selbstinszenierung ihres Gründers in sozialen Medien weltweit erlangt hat, machen sich die Architekt:innen von BIG zu Kompliz:innen bei der Entwicklung »unternehmerischer Metropolen« – eine systematische Zerstörung der Stadt durch den Antiurbanismus der Kommerzlogik – und verdecken dies zugleich durch ästhetisierte Formulierungen und eine Rhetorik wie aus dem PR-Seminar für urbane Zukunftsutopien.

Eine solche Logik der Privatisierung hat zahllose Auswirkungen auf den städtischen Raum. Abschließend möchte ich nur zwei Aspekte hervorheben. Der erste betrifft die Durchsetzung eines Modells von Stadt, das sich streng genommen mit dem der Gated Community deckt.[3] Darunter versteht man abgeschottete, sozial homogene Wohnsiedlungen für zumeist wohlhabende Gruppen, deren wenige Zugangspunkte von privaten Sicherheitskräften bewacht werden. Ihre Abtrennung von der übrigen städtischen Realität drückt sich materiell sehr häufig etwa in hohen Mauern, Drahtzäunen und Überwachungskameras aus. Zahlreiche Angebote in der Siedlung – etwa Freizeitaktivitäten, Schulen, Pflegedienste – bedeuten, dass die Bewohner sie nur selten verlassen müssen.

Die Stadt zerfällt auf diese Weise in ein Mosaik aus abgeschlossenen Enklaven (bewachte Siedlungen, überwachte Shopping Malls, Privatschulen), das man am besten im gepanzerten Fahrzeug durchquert … Sie beherbergt nicht mehr bloß hier und da eine Gated Community, sondern wird selbst als eine Aneinanderreihung von atomisierten und bewachten Einrichtungen verstanden. Das Prinzip von

Raumproduktion wird ausgehend von einer neuen Grundeinheit insgesamt umgekrempelt. Was urbane Einheiten und insbesondere Viertel demnach ausmacht, sind nicht mehr die Beziehungen, durch die sie Teile eines Geflechts oder Netzes werden, sondern umgekehrt führen jeweils in sich abgeschlossene Endpunkte zu verarmten Beziehungsformen; sich durch die Stadt zu bewegen, wird nur noch als eine Art von Verkehr verstanden, bei dem man sich Gefahren aussetzt. Die gezielte Fragmentierung der gesamten urbanen Wirklichkeit in abgeschottete Einheiten verändert daher nicht weniger als das Wesen der Stadt: Ihr gleichsam flüssiger Charakter als ein Ensemble aus Wegen und Passagen bricht sich an der Einrichtung privatisierter Inseln. Was diese Zerstückelung des Stadtgebiets somit angreift, ist die urbane Erfahrung mit ihrem Rhythmus und ihrer Phrasierung. Es wäre eine erhebliche Arbeit zu leisten, um die Phänomenologie dieser urbanen Erfahrung zu beschreiben, also zu untersuchen, wie sich die sinnliche Welt der Stadt verändert, wenn sie durch eine wachsende Zahl von abgeschotteten Orten einen zunehmend feindseligen Charakter annimmt. Wie Jane Jacobs eindrücklich bemerkte: »Es ist unheimlich, ein Viertel in einer zivilen Stadt auf diese Weise durch Mauern abgeschottet zu sehen. Nicht nur sieht es ungemein hässlich aus, es wirkt auch geradezu surreal.«[4] Was in den 1960er Jahren noch einen surrealen Eindruck machen konnte, ist heute leider auf bestem Wege, zur Norm zu werden.

Der zweite Aspekt, den ich unterstreichen möchte, besteht in einer Stadtentwicklung, die eine feindselige Form von Koexistenz hervorbringt. In diesem Modell von Stadt heißen die zwei hauptsächlichen Affekte Profitstreben und Angst. Die Herstellung von Räumen erzeugt ein gesellschaftliches Modell, das in radikalen Widerspruch zum Gedanken der Stadt schlechthin tritt. In einer zum Archipel gewordenen Stadt versucht man nicht mehr, den Raum eines möglichen Zusammenlebens zu gestalten, sondern verwaltet nur noch eine reine Koexistenz, die auf dem Prinzip eines Minimums an Kontakt beruht. Koexistenz wird gegen Zusammenleben ausgespielt. Man existiert nicht mehr gemeinsam, sondern bloß nebeneinander. Der Raum ist nicht mehr ein gemeinsam genutzter, sondern ein fragmentierter, ein Prinzip der Distanzierung und nicht eine Art und Weise, sich auf andere zu beziehen. Man entscheidet bewusst, sich auf sich selbst zurückzuziehen und die Grenzen zwischen gleichförmigen räumlichen Entitäten gesellschaftlich aufrechtzuerhalten.

Man koexistiert, eher schlecht als recht. Für manche funktioniert es besser, schlechter dagegen für diejenigen, die keinerlei Zugang zu den Innenstädten haben oder in baufälligen, übervölkerten Siedlungen leben müssen. Darin besteht der absolute Gegensatz zu dem, was auch heute noch die wirkliche Erfahrung von Stadt ausmacht, was es heißen kann, »in der Stadt zu leben«: die Möglichkeit einer Konfrontation mit der Vielfalt von Lebensweisen, das Abenteuer, sich selbst zu erfinden, die Befreiung aus aufgezwungenen Identitäten, die Notwendigkeit, mit Menschen auszukommen, die anders sind als man selbst, der Zugang zu einer Vielzahl von Möglichkeiten, die man zugleich frei wählt und nahegelegt bekommt. Wer in der Stadt lebt, muss mit anderen zusammenleben. Und genau das lernen wir in der Stadt und durch die Stadt. Zusammenleben heißt, dass wir lernen müssen, uns einen Ort mit Menschen zu teilen, die nicht wie wir sind, uns mit einer Reihe von Differenzen zu konfrontieren, die uns nicht immer gefallen: mit verschiedenen Altersgruppen, Nationalitäten, Sprachen, sozialen Milieus etc.

In der Stadt stoßen wir bereits in unserer Nachbarschaft auf das Andersartige. Die Vielfalt beginnt vor unserer Haustür. Damit soll nicht gesagt sein, wir müssten uns alle liebhaben oder auch nur Umgang miteinander pflegen;

jede Romantisierung der Stadt, jede gutgemeinte Irenik wäre fehl am Platz. Aber einen gemeinsamen Raum erfinden, das müssen wir sehr wohl. Und das bedeutet zugleich, dass wir uns einen Sinn für die Privatsphäre bewahren. Ebenso jedoch für einen öffentlichen Raum, der diesen Namen verdient.

Zusammenleben oder Koexistenz? Das ist heute eine der großen Fragen im Kampf für die Definition eines Modells von Stadt, das wir wollen.

Zweiter Streifzug

DER EINSATZ DER BEWOHNER

HABITANTS
EN PERIL
@marseilleville

Recht auf Stadt

Die drei im ersten Teil untersuchten Phänomene – feindselige Architektur, Tourismusphobie und BID – sind nur besonders frappierende Beispiele dafür, wie der heutige städtische Raum pathologische Züge annimmt. Sie zeigen jedoch sehr direkt eine bestimmte Logik der Raumproduktion auf, die sich als Strategie der Trennung zwischen dem *Wir* und dem *Wo* beschreiben lässt. Alles legt den Eindruck nahe, die Gestaltung des »Wo« solle jede Möglichkeit durchkreuzen, ein egalitäres und am Zusammenleben interessiertes »Wir« zu bilden. Stattdessen sehen wir ein »Wir« der Angst und der Feindseligkeit, das sich ex negativo durch die direkte Ablehnung »der Anderen« definiert, vor denen man sich schützen oder derer man sich entledigen muss. Ein »Wir«, das sich auf keine anderen Werte gründet als die der spekulativen Kommerzialisierung, des Konsums und der Produktion, auf nicht mehr als eine Ansammlung von produktiven und konsumierenden Körpern.

Angesichts einer solchen Logik, in der die Hoheit über die Produktion des »Wo« keinerlei Raum lässt für die Herausbildung eines »Wir«, stellt sich die Frage, welche Alternativen es gibt. Wo finden sich noch brauchbare Räume und Ressourcen in einer standardisierten Stadt, die dem doppelten Imperativ von Verwertung und Ausschluss gehorcht? Wo finden wir einen Platz, um wieder ein »Wir«, einen Sinn für die Gemeinschaft und das gesellschaftliche

»Bewohner in Gefahr«, Rue Aubagne, Marseille

Leben zu schaffen, nach dem wir uns sehnen – ohne dass wir wüssten, von wo aus wir jenes Gewebe wieder herstellen könnten, das durch die gegenwärtige Gestaltung unserer alltäglichsten Orte immer wieder zerrissen wird?

Wir stehen also vor einer Frage: Wie können wir (uns) wieder »Platz nehmen«? Und wir verfügen über eine Gewissheit: Um wieder ein »Wir« zu schaffen, brauchen wir nicht nur unbedingt ein »Wo«, sondern die entsprechenden Orte und Räume können auch kein »Irgendwo« sein. Je nachdem, wo wir gesellschaftliche Ensembles bilden, unterscheiden sie sich radikal in ihrer Beschaffenheit, Dauerhaftigkeit und Dynamik.

Als Antwort auf die genannten Fragen gibt es heute drei Alternativen: das Modell der *Zone à défendre* (ZAD), das der Platzbesetzung sowie das des Rechts auf Stadt. Die ersten beiden sind politisch-räumliche Formen, die auf ein »Anderswo« zielen – mit Michel Foucault könnte man sie als »heterotopologisch« bezeichnen. Sie sollen *andere* Räume hervorbringen. Das dritte Modell dagegen, ein erneuertes Recht auf Stadt, zielt auf die Wiederaneignung *unserer* Räume. Für diesen dritten Weg werde ich in den folgenden Kapiteln plädieren, ohne die Bedeutung der ersten beiden zu bestreiten; ich möchte einen Gedanken ausloten, der heute in politischen und philosophischen Reflexionen über die Stadt nicht auftaucht oder geradezu eine Art Tabu darstellt: Wir müssen uns nicht *anderswo* als dort, wo wir bereits sind, auf die Suche begeben, um Alternativen zur Entfremdung des städtischen Lebens zu finden. Die Lösungen liegen im Gewebe der Stadt, vor unseren Augen, innerhalb des Bestehenden. Eben das verleiht dem Gedanken eines Rechts auf Stadt seine ganze Lebenskraft.

Doch was genau ist unter diesem Gedanken zu verstehen, und warum ist es sowohl legitim als auch sinnvoll, ihn wieder ins Zentrum der gegenwärtigen demokratischen und urbanen Kämpfe zu rücken? Warum sollte man etwas wieder aufgreifen, das in vieler Hinsicht hoffnungslos veraltet scheint?

Von der Stadt zum Urbanen

»Das Recht auf Stadt« wurde erstmals 1968 von Henri Lefebvre in seinem gleichnamigen Werk thematisiert. Es war ein ganz bestimmter Kontext, in dem der Gedanke formuliert wurde – er unterscheidet sich in vielem stark von unserer Zeit und findet doch einen Widerhall in ihr. Die Idee eines Rechts auf Stadt entstand am Schnittpunkt zweier Phänomene, die die westlichen Nachkriegsgesellschaften stark beeinflusst haben: Zum einen verlangten die jüngeren Generationen, die dann im Mai 1968 aufbegehrten, vor dem Hintergrund einer starren, paternalistischen Gesellschaftsordnung eine radikale Veränderung von Lebensweisen, eine Revolution des Alltagslebens, wie auch der Situationismus und viele weitere intellektuelle Strömungen sie einklagten; zum anderen wurde Kritik daran laut, wie große, staatlich geförderte Stadtentwicklungsprojekte, die die Hegemonie eines modern-funktionalistischen Architekturprogramms zementierten, den Rahmen des Lebens einschneidend veränderten. Das Zusammenwirken beider Trends brachte den Gedanken eines Rechts auf Stadt hervor, in dem diese Kritik eine konkrete Gestalt annimmt. Das Alltagsleben zu verändern heißt, seinen Rahmen umzugestalten und alles zu bekämpfen, was der vollen Entfaltung eines solchen Bedürfnisses entgegensteht. Kurzum, mit einer Formulierung von Lefebvre, in der sich der Geist von 1968 kristallisiert: Es gilt *die Stadt zu verändern, um das Leben zu verändern.*

Lefebvres Analyse geht von einer simplen, aber sehr provokanten Feststellung aus: Die Stadt ist älter als die Industrialisierung; mit dieser entsteht jedoch ein neuartiges Erfordernis der Urbanisierung von Städten, die ihnen in ihrer alten Gestalt den Tod beschert und stattdessen eine neue Realität hervorbringt, die Lefebvre »das Urbane« nennt:

> »Man kann sagen, dass die Industriegesellschaft die Urbanisierung nach sich zieht. Diese Feststellung, diese Formel ist inzwischen eine Banalität. Weniger banal ist dagegen die Frage, ob die Konsequenzen des Prozesses, also die Urbanisierung, nicht sehr rasch wichtiger werden als ihre Ursache, die Industrialisierung. Die urbane Problematik verschiebt und verändert die aus dem Prozess der Industrialisierung erwachsende Problematik zutiefst. (...) In diesem Prozess geschieht in doppelter Hinsicht etwas überaus Wichtiges, in klassischen Begriffen formuliert: ein qualitativer Sprung. Das quantitative Wachstum der wirtschaftlichen Produktion produziert ein qualitatives Phänomen, das sich in eine neuartige Problematik übersetzt: in die urbane Problematik.«[1]

Wenn die Urbanisierung somit ursprünglich zu den Folgen der Industrialisierung zählt und insofern determiniert und nicht determinierend ist, kommt es im Zuge des dialektischen Prozesses zwischen den beiden Phänomenen zu einem unwiderruflichen Bruch. Die Industrialisierung zerstört alles an der alten Stadt, was ein Gebrauchswert war, ersetzt es durch einen nach den Erfordernissen des Tausches modellierten Raum und bringt so eine Art »Anti-Stadt« hervor, eine neuartige Realität, die spezifischen Bestimmungen gehorcht. Lefebvre schreibt, dass »die Urbanisierung der industrialisierten Gesellschaft nicht ohne Auseinanderbrechen dessen auskommt, was wir nach wie vor als ›Stadt‹ bezeichnen«.[2] Und man muss noch weiter gehen und zwischen den Begriffen »Stadt« und »urbane Gesellschaft« strikt unterscheiden, denn der Angriff industrieller Prozesse auf alles, was aus der alten Stadt einen Gebrauchswert machte, ein Werk und nicht ein bloßes Produkt – Zentralität, Monumentalität, Räume für Spiel und unproduktive Verausgabung –, hat zu ihrem wahrhaften »Tod« geführt. Womit wir es heute zu tun haben, ist nicht mehr die Stadt, sondern das Urbane. Dieses Urbane oder die »urbane Gesellschaft« ist das, was von der alten Stadt nach ihrem Zerfall übrig bleibt, in einer durch die Rationalisierung und Kommerzialisierung des Raums entfremdeten Gestalt noch da ist wie eine Glut, die es wieder zu entfachen gilt. Deshalb übte Lefebvre scharfe Kritik am Urbanismus, der im 19. Jahrhundert entstanden ist und sich in Frankreich nach dem Zweiten Weltkrieg in großangelegten staatlich-technokratischen Programmen niedergeschlagen hat: in massiven Neubaukomplexen, Gartenstädten, am Reißbrett entworfenen Orten oder auch Wohnanlagen für die Mittelschichten. Zugleich Disziplin und Doktrin, zielt er darauf ab, den städtischen Raum durch einen gewaltigen Rationalisierungsschub ökonomischen Imperativen zu unterwerfen.

So entsteht ein düsteres Bild der Stadt: Ehemals Werk und Gebrauchswert, sieht sie sich nunmehr in der formlosen urbanen Realität eines abstrakt-funktionalen Raums aufgelöst. Allerdings gab Lefebvre nie die Überzeugung auf, dass sich inmitten dieser Trümmer der alten Stadt Residuen einer wirklichen Urbanität aufweisen ließen, die die Möglichkeit eines anderen städtischen Lebens vorstellbar machten, getragen von menschlichen Bedürfnissen, die im bestehenden Raum keine Befriedigung finden konnten. Angesichts dieser Möglichkeit zeichnete sich für Lefebvre auch in einem so »pathologisch« gewordenen Raum die Hoffnung auf weitreichende politische Veränderungen ab. Ihr Träger sollte eine breite soziale Bewegung mit dem konkreten Ziel einer Wiederaneignung der urbanen Realität sein, weshalb ihre zentrale Forderung im »Recht auf Stadt« bestehen würde.

Das verstümmelte Individuum

Der funktionalistische Urbanismus, gegen den sich der Gedanke des Rechts auf Stadt richtet, hat vor allem die individuellen Bedürfnisse des Menschen als produktiver Arbeitskraft und Konsument im Blick; alle anderen Dimensionen der Existenz blendet er aus. Der Mensch wird hier als schlichte Ausdehnung im Raum betrachtet, die es auf einem Minimum an Grundfläche unterzubringen gilt, als produktiver Körper, der sich möglichst reibungslos zu seinem Arbeitsplatz bewegen soll, als erschöpfter Körper, der ein Dach über dem Kopf braucht, um seine Arbeitskraft wiederherzustellen und so den Produktionsprozess fortsetzen zu können. Gemäß einer auf Hygiene fixierten Moral, die verschiedene Formen annehmen kann, und einem bestimmten Arbeitsethos soll er auch in seiner Freizeit vor allem Körper und Gesundheit pflegen. Und schließlich wird der Mensch auch in der geistig-seelischen Dimension seiner Existenz auf einen produktiven Körper reduziert: Diese soll restlos in einer Logik des Konsums von materiellen und kulturindustriellen Erzeugnissen aufgehen.

Diese *grundlegende Reduzierung des Menschen* auf einen beschränkten Teil seiner selbst, die sich in den urbanen Formen und der Architektur der Stadt ausdrückt, führt zu einer Verdinglichung der Individuen. Sie macht deutlich, dass die Vielfalt dessen, was sie sind oder gerne wären, keine Anerkennung findet. Eben deshalb erinnerte Lefebvre beharrlich daran, dass die urbanistische Ideologie seiner Zeit mitnichten die einzig denkbare Lösung darstellte, sondern nur eine Möglichkeit unter anderen, den Raum zu gestalten – auch wenn sie sich als eine rein technische, objektive, von Ideologie und politischen Vorannahmen unberührte Rationalität präsentierte.

Die funktionalistische Interpretation des modernen Projekts vernachlässigt wesentliche Bedürfnisse, die das urbane Leben befriedigen kann und muss; sie sind nicht einfach die eines einzelnen produktiven Körpers, sondern in den Worten Lefebvres »gesellschaftliche Bedürfnisse«:

> »Man kennt diese gesellschaftlichen Bedürfnisse bislang kaum. Man weiß lediglich, dass sie in biologischen und physiologischen Bedürfnissen (die sie gleichwohl umfassen) ebenso wenig aufgehen wie in wirtschaftlichen oder einer Summe von individuellen Bedürfnissen.«[3]

Der Mensch muss die Möglichkeit haben, sich in seiner alltäglichen Umgebung wiederzuerkennen und sich »nacheinander als ein *homo faber, sapiens, ludens, ridens, amans, creator* etc.«[4] zu begreifen. Lefebvre zufolge übergehen die Urbanisten bei der Analyse bekannter städtischer Funktionen wesentliche menschliche Funktionen: die der Straße als wichtiges urbanes Organ, die symbolisch-imaginäre Funktion der Stadt, das Spielerische. Das zementiert eine lückenhafte oder verstümmelte Auffassung des städtischen Lebens und befördert die Urbanisten so in ein »Dilemma zwischen Problemen des Verkehrs und Problemen der architektonischen Gestaltung«.[5] Der Gedanke des Rechts auf Stadt erscheint in dieser Hinsicht als Versuch, den von den Urbanisten ignorierten gesellschaftlichen Bedürfnissen gerecht zu werden. Nicht einfach durch die materielle Organisation des Rahmens unseres Lebens, sondern durch einen erweiterten Zugang zu den sozialen und räumlichen Voraussetzungen, die die konkrete Befriedigung solcher Bedürfnisse in einem uns gehörenden Milieu ermöglichen können.

Ein wirklicher Urbanismus müsste einem umfassenden Ensemble von existenziellen Möglichkeiten Rechnung tragen und die Befriedigung gesellschaftlicher Bedürfnisse zum Ziel haben, die nicht etwa dualistischer Art sind, sondern durch und durch dialektisch: das Bedürfnis nach Sicherheit und Offenheit, nach Gewissheit und Abenteuer, organisierter Arbeit und Spiel, dem Vorhersehbaren und dem Unvorhersehbaren, nach Einheit und Differenz, Rückzug und Begegnung, Fürsichsein und Kommunikation, Unmittelbarkeit und langfristiger Aussicht; das Bedürfnis, Kräfte zu sammeln und sie im Spiel zu verausgaben, das Bedürfnis, zu sehen, zu berühren und zu schmecken und diese sinnlichen Wahrnehmungen in einer »Welt« zusammenzuführen, die Sinn ergibt; das Bedürfnis nach schöpferischer Tätigkeit und einem Werk, nach Symbolischem und Imaginärem, nach tauglichen Orten und spielerischer Betätigung. Deutlich wird hier zum einen, wie sehr die vom Gedanken des Rechts auf Stadt ins Zentrum gerückten Bedürfnisse stets körperliche und psychische sind, aber nicht im Sinne einer Verbindung der einen mit den anderen, sondern als etwas Gleichzeitiges, das somit jenseits der Dualität von Körper und Geist angesiedelt ist. Sicherheit oder auch Spiel betreffen beides, sie werden als etwas Sinnlich-Psychisches erfahren, umfassen Tätigkeit, Bewegung, Empfindung, aber auch Vorstellungen, Träumerei, Reflexion. Zum anderen können sie als *gesellschaftliche* Bedürfnisse nur gemeinsam befriedigt werden, durch die gesellschaftliche Organisation einer mit anderen geteilten Welt, und eben nicht rein individuell oder als etwas grundsätzlich Zweitrangiges.

In Zeiten wie heute, da mit dem funktionalistischen Urbanismus eine von Marktimperativen bestimmte Raumerzeugung herrscht, ist es daher notwendig, die Stadt anders zu denken denn als einen rein materiellen Rahmen oder schlicht den Ort menschlicher Gemeinschaften innerhalb eines gleichförmigen Raums. Sie ist kein bloßes Gefäß. Die urbane Frage darf sich nicht auf das Recht auf Wohnen beschränken – auch wenn dieses Recht mehr als fundamental ist. Die Stadt verkörpert wie kaum etwas anderes die Möglichkeit einer emanzipierten Existenz, eines Wertesystems, das mehr umfasst als die funktionale Befriedigung körperlicher Grundbedürfnisse, etwa nach Unterkunft, Schutz vor der feindlichen Natur, Transport, Zugang zu Arbeit etc. – eine Befriedigung im Übrigen, die für erhebliche Teile der städtischen Bevölkerung völlig ungenügend ausfällt. Das Leben in der Stadt ist eine Existenzweise, eine bestimmte Art des In-der-Welt-Seins, geprägt von der Auseinandersetzung mit emanzipatorischen wie entfremdenden Möglichkeiten. In diesem Sinne ist das Recht auf Stadt vor allem als eines auf das urbane Leben mit seinen besonderen Potenzialen zu fassen und nicht bloß als Recht auf gleichen Zugang zu den materiellen *Ressourcen*, die die Stadt bietet.

Das Bedürfnis, das Leben in der Stadt umfassend genießen zu können, erlaubt es, vermittelt durch das urbane Milieu eine geglückte subjektive und soziale Identität herauszubilden, die der Vielfalt dessen gerecht wird, was wir sind, und reichhaltige, befriedigende Arten des Zusammenlebens zu erfinden. Genau darauf zielt die Rede von *gesellschaftlichen* Bedürfnissen, die mehr sind als die Summe individueller Bedürfnisse: Sie unterstreicht die gesellschaftliche und zwischenmenschliche Herausbildung aller Individualität und zugleich die Notwendigkeit, einen für die kapitalistische Raumproduktion bestimmenden Individualismus zu bekämpfen – mit all seinen Folgen wie Vereinzelung, Isolierung und Zerschlagung kollektiver Selbstorganisation.

»In der Stadt zu leben heißt, sich einen Raum anzueignen«

Der Hauptmangel allen technokratischen Fachwissens über Raumplanung besteht in Lefebvres Augen daher in einem fundamentalen Kategorienfehler, der exemplarisch am Urbanismus deutlich wird. Das urbanistische Denken behandelt den städtischen Raum wie ein mathematisch erfassbares und nach allgemeingültig-objektiven Regeln herstellbares Objekt. Es reduziert die Frage des Lebens in der Stadt auf das städtische Habitat. Anders gesagt: Das lebendige Verhältnis zur Welt wird reduziert auf seinen *abstrakten* Rahmen und dieser seinerseits abgetrennt von den konkreten Tätigkeiten, die ihm Gehalt und Stimmigkeit verleihen. Der Kern des Problems, der es so brennend aktuell macht, besteht in der Frage der »Aneignung«. Sie ist grundlegend für das Recht auf Stadt:

> »Das städtische Habitat ist Gegenstand einer morphologischen Beschreibung. Das Leben in der Stadt (*habiter*) dagegen ein Tun, eine Situation. Hier ist ein entscheidender Begriff einzuführen, der der Aneignung: In der Stadt zu leben heißt für den Einzelnen wie für eine Gruppe, sich etwas anzueignen. Nicht um sein Eigentümer zu werden, sondern um es zum eigenen Werk, zur eigenen Sache zu machen, ihm seinen Stempel aufzuprägen, es zu formen, zu gestalten (…). In der Stadt zu leben heißt, sich einen Raum anzueignen, ebenso aber, Zwängen ausgeliefert zu sein; und das bedeutet: Das urbane Leben ist der Schauplatz eines oftmals erbitterten Konflikts zwischen Zwangsgewalten und Aneignungskräften.«[6]

Lefebvre bestimmt den Begriff der Aneignung als Gegensatz zu Eigentum einerseits und Partizipation andererseits. Tatsächlich geht die Frage der Aneignung weit über die Eigentumsfrage im strengen Sinne hinaus oder ist zumindest niemals mit ihr deckungsgleich. Man kann sich durchaus etwas aneignen, ohne sein rechtlicher Eigentümer zu sein, zum Beispiel einen Park, den man täglich besucht. Umgekehrt kann man massenhaft Dinge besitzen, ohne sie sich jemals im hier definierten Sinne anzueignen – denken wir einfach an das letzte Produkt, das wir unbedingt haben wollten, nur um es dann umgehend im Wandschrank verschwinden zu lassen.

Da sie mit der Befriedigung gesellschaftlicher Bedürfnisse verbunden ist, bezeichnet Aneignung keinen individuellen Besitz, sondern die gemeinsame *Nutzung* eines Gemeinguts. Sie besteht daher vor allem in einer bestimmten Art von kollektivem mentalen Weltbezug, insoweit er sich in ganz konkreten Akten und Objekten verkörpert. Aneignung bedeutet, etwas so zu *verwenden*, das es *zum eigenen Werk* wird. Wie Lefebvre unterstreicht:

> »Der Begriff der Aneignung ist einer der wichtigsten, die uns Jahrhunderte der philosophischen Reflexion vermacht haben. Das Einwirken menschlicher Gruppen auf die materielle und natürliche Umwelt kennt zweierlei Arten, zweierlei Attribute: Herrschaft und Aneignung (...). Die Herrschaft über die materielle Natur, Resultat technischer Operationen, verwüstet diese Natur, indem sie es Gesellschaften erlaubt, an ihre Stelle die eigenen Produkte zu setzen. Die Aneignung verwüstet sie nicht, sondern verwandelt die Natur – biologisches Leben und Körper, gegebene Zeiten und Räume – in menschliche Güter. Aneignung ist das Ziel, der Sinn, der letzte Zweck des gesellschaftlichen Lebens.«[7]

Die Welt zu bewohnen heißt nicht, sie zu besitzen oder zu beherrschen, heißt nicht, sie wie einen Rohstoff zu behandeln, um den maximalen individuellen Profit aus ihr zu ziehen. Es heißt vielmehr, den gemeinsamen Gebrauch der Welt zu einer Möglichkeit der individuellen Anerkennung zu machen, indem man Dingen durch sein Tun einen Stempel aufprägt, Spuren hinterlässt. Darin besteht die umfassende Bedeutung des Lebens in der Stadt, das kein statischer Zustand ist, sondern ein Tun, eine dynamische Spannung im Verhältnis zur Welt. Einen Ort zu bewohnen, und nicht bloß Eigentümer einer Wohnung oder Einwohner einer Siedlung zu sein, bedeutet vor allem, dass man in der äußeren Umgebung etwas von sich selbst wiedererkennen kann. Aneignung ist die Verwandlung eines Stücks Umwelt, der äußeren Bedingungen, der vorgefundenen Situation in etwas, das auf mich, auf uns zurückgeht. Und das ich somit nicht mehr als Zwang oder mir gleichgültigen Umstand erfahre, sondern als etwas, worin ich mich wiedererkennen kann, weil ich es zu meinem gemacht habe; indem ich es gebrauche, erkenne ich ein Stück meiner selbst darin wieder. In gewissem Sinne verwandele ich durch Aneignung etwas, dessen Urheber ich so wenig bin wie sein Eigentümer, in mein eigenes Werk – ohne das geringste Bedürfnis, es zu besitzen, es mir zu nehmen, indem ich andere davon ausschließe. Darin liegt ein umfassender Weltbezug, den die urbane Existenz besonders stark verkörpert und der im Gegensatz steht zur Welt von Eigentum und Besitz.

So lautet denn auch Lefebvres bündigste Definition des Begriffs der Aneignung: »ein Prozess, durch den ein Individuum oder eine Gruppe (…) etwas Äußeres in etwas Eigenes verwandelt«.[8] Hier wird deutlich, dass es um viel mehr geht als bei den heutigen ideologischen Surrogaten für das Recht auf Stadt oder seiner Verkürzung auf eine bloße PR-Formel. Die Rede von »Partizipation« oder »Bürgerbeteiligung« kann niemals ein Ersatz für das Bedürfnis sein, die Räume unseres Lebens selbst zu gestalten. Aneignung bedeutet nicht einfach, dass man an einem von anderen längst entworfenen und beschlossenen Projekt »beteiligt«, oder schlimmer noch: zu ihm »befragt« wird, sondern vielmehr den Willen, das vorherrschende Prinzip der Herstellung unserer Räume durch unser eigenes Tun abzulösen.

Das ist der Horizont, den die Idee des Rechts auf Stadt in ihrer weiter gefassten Bedeutung eröffnet: Innerhalb einer städtischen Umwelt, die unser eigenes Werk ist und zugleich etwas, das wir zumeist passiv erfahren, so als wären wir dabei bloße Spielfiguren, gilt es eine grundlegende

Beziehung zur Welt zu erneuern, die wir »Aneignung« nennen. Darin besteht das einzige wirkliche Mittel, durch die umfassende Anerkennung der gesellschaftlichen Bedürfnisse, die uns als Menschen ausmachen, eine unverstümmelte Existenz zu führen. Es geht um das Verlangen, sich das Milieu eines städtischen Lebens wiederanzueignen, das uns tagtäglich prägt. Wir müssen das Vermögen zurückgewinnen, Orte, die unsere sind, umfassend zu nutzen, und uns dafür verantwortlich fühlen, über Fragen, die uns betreffen, selbst zu entscheiden. Dieses Bedürfnis bildet den Antrieb für Bewegungen von Bürgern und Einwohnern, die dagegen kämpfen, dass der städtische Raum zunehmend pathologische Züge annimmt.

Eine notwendige Utopie?

Die ganze Schwierigkeit besteht darin, die Beziehungen zwischen der konkreten Raumproduktion und der Formulierung einer utopischen Alternative anders zu denken. Was das betrifft, steht außer Frage, dass das »Recht auf Stadt« bis heute – und vielleicht mehr noch als zu Lefebvres Lebzeiten – lediglich der Name eines utopischen Begehrens ist. Und an diesem Sachverhalt ist Lefebvres theoretischer Zugang in gewissem Sinne nicht ganz unschuldig. Er definiert das Recht auf Stadt als »Recht auf ein städtisches Leben, das umgestaltet und erneuert wird«, wobei das Städtische, das Urbane für ihn gleichbedeutend ist mit »Orten der Begegnung, Vorrang des Gebrauchswerts, Materialisierung eines neuartigen, in den Rang eines höchsten Guts erhobenen Zeitverständnisses im Raum«[9], kurzum: Es bedeutet Gleichzeitigkeit, Zugang zu zentralen Orten, Teilhabe und Aneignung. Dieses Recht muss eine konkrete Grundlage in neuen urbanen Projekten finden. Kennzeichnend für Lefebvres Beiträge ist allerdings, dass es ihm offenkundig sehr schwer fällt, *die Formen*, die ein dem Recht auf Stadt verpflichteter Urbanismus annehmen könnte, näher anzugeben. Er führt lediglich eine Reihe von allgemeinen Bestimmungen an, aus denen sich aber keinerlei konkrete Formen ergeben:

> »Das Recht auf Stadt macht sich als die höchste Form von Rechten geltend: als Recht auf Freiheit, auf Individualisierung innerhalb von Gesellschaftlichkeit, auf das städtische Habitat und das Leben darin. Auch das Recht auf ein Werk (auf aktive Beteiligung) sowie auf Aneignung (in klarem Unterschied zum Recht auf Eigentum) sind im Recht auf Stadt enthalten.«[10]

Diese Schwierigkeit, das Recht auf Stadt in tatsächlich »positiven« Begriffen zu fassen, ist teilweise sicherlich auf die Tatsache zurückzuführen, dass Lefebvre selbst weder Architekt noch Stadtplaner war, aber auch auf seinen Unwillen, etwas vorwegzunehmen, das eine fortschrittliche soziale Bewegung unter dieser Losung doch gerade selbst erfinden sollte – er richtete sich gegen ein Modell von Stadtentwicklung, das von Expert:innen und bürokratischen Entscheidungen bestimmt ist. Dennoch besteht darin ein gravierendes Problem, denn so kann der Eindruck entstehen, dass das Recht auf Stadt letztlich eine Leerformel ist. Wie der Geograf David Harvey zu Recht unterstreicht, wirkt Lefebvres Text von 1968 in vieler Hinsicht prophetisch – besonders was die von ihm antizipierten Veränderungen der Stadt betrifft –, die von ihm unter der Formel »Recht auf Stadt« vorgeschlagene Lösung aber vor allem wie »ein Aufschrei und eine Forderung«:

> »Ein Aufschrei, denn sie ist Ausdruck des existenziellen Leids, das eine verheerende Krise des Alltagslebens in den Städten hervorruft; und zugleich eine Forderung,

nämlich danach, dieser Krise ins Auge zu blicken und ein anderes urbanes Leben zu schaffen, ein weniger entfremdetes, das Sinn hat und spielerisch, aber auch konflikthaft und dialektisch ist, offen für das Werden, für Begegnungen und die unabschließbare Suche nach dem unvorhersehbar Neuen.«[11]

Ein Aufschrei und eine Forderung ergeben aber noch kein architektonisches oder politisches Programm. Gleichzeitig dient der Vorwurf des Utopismus meist nur als Vorwand, um das Bestehende als natürlich erscheinen zu lassen und im Interesse bestimmter Gruppen aufrechtzuerhalten. Die zu trauriger Berühmtheit gelangte Losung »there is no alternative« geht immer damit einher, jede anderslautende Behauptung als »utopisch« zurückzuweisen. Die Utopie, das sind die anderen. Besonders diejenigen, die man bekämpft. Der Vorwurf von Weltfremdheit oder Idealismus ist sehr häufig gegen jüngere soziale Bewegungen erhoben worden: Die spanischen Indignados, die Aktivist:innen von Occupy, Nuit Debout oder den ZADs oder auch die Gelbwesten seien nichts weiter als sanftmütige Utopisten – die man trotzdem von Zeit zu Zeit zusammenknüppeln sollte. Sollte es noch nötig gewesen sein, so haben die vergangenen Jahre gezeigt, dass es sehr wohl Alternativen gibt. Die Aufgabe besteht allerdings darin, diese Alternativen auszuwerten und darüber nachzudenken, welche Kriterien dabei anzulegen wären: Geht es um ihre Lebensfähigkeit und Stabilität, um institutionelle Verankerung? Um Radikalität und die Fähigkeit zum Bruch? Um die Verbindung von Kämpfen oder vielleicht um ökologische Gesichtspunkte?

Anders gesagt: Nicht nur gibt es ganz unterschiedliche Utopien, sondern in all diesen Bewegungen sind der Raum und die Erfindung einer gesellschaftlichen Alternative engstens miteinander verbunden. Und zwar in einem solchen Maße, dass man viele soziale Bewegungen mit den

Orten identifiziert, die sie besetzen oder nutzen, mit den Räumen, in denen und durch die sie sich definieren. Eine ganze Geografie des Protests verleiht diesen Orten eine Aura der Hoffnung: die Place de la République, die Verkehrskreisel von Commercy, die Puerta del Sol, die ZAD de Notre-Dame-des-Landes, der Taksim-Platz, Porto Alegre ... Die Frage nach der Verbindung zwischen dem »Wir« und dem »Wo« ist wieder in den Mittelpunkt der Aufmerksamkeit gerückt, stellt an sich aber natürlich nichts Neues dar.

Utopia ist zunächst einmal der Name einer Insel. Es ist absolut frappierend, wie jeder Entwurf einer gesellschaftlichen Erneuerung – angefangen bei Platons *Kallipolis*, über die Phantasiegebilde eines Thomas Morus und die *Phalanstères* der Fourier-Anhänger bis hin zur *Smart City* – sich in Form einer räumlichen Erneuerung darstellt. Jedes gesellschaftliche Projekt nimmt die Gestalt eines andersartigen Raums an, in dem es sich verkörpert, herausbildet und verbreitet. Wie Harvey hervorhebt:

> »Die Figuren von ›Stadt‹ und ›Utopie‹ sind seit langem miteinander verflochten. (...) Die ersten Utopien besaßen gewöhnlich eine deutlich urbane Gestalt, und was als Stadtplanung im weitesten Sinne gilt, ist von Formen utopischen Denkens infiziert.«[12]

Die klassischen Utopien bringen eine bestimmte Beziehung zwischen Raum und Zeit, zwischen Geografie und Geschichte ins Spiel. Es sind durchweg »Utopien in einer räumlichen Gestalt«. In einem ganz traditionellen Sinn ist jede Utopie daher ein »Spiel mit dem Raum« oder der räumlichen Phantasie mit dem Ziel, eine kleine Maschine der Vervollkommnung hervorzubringen, die ein alternatives gesellschaftliches Projekt in den Marmor eines wirkmächtigen Raums eingraviert und so adäquat verkörpert: die Abtei von Thélème, das Familistère in Guise, Le Corbusiers Stadt für drei Millionen Einwohner usw. Letztlich wählt jeder konsequente Utopist aus einer Vielzahl von Möglichkeiten eine räumliche Ordnung aus, um eine bestimmte moralische Ordnung zu repräsentieren und ihr Konsistenz zu verleihen. Die Utopie beruht auf dem freien Spiel der Vorstellungskraft, sie ist ein fruchtbares Mittel, um das Mögliche auszuloten und mit verschiedenen Ideen über gesellschaftliche Verhältnisse, Moralkodizes oder politisch-ökonomische Systeme zu experimentieren. Es gibt feministische, anarchistische und proletarische Utopien, religiöse und ökologische, reaktionäre und kapitalistische – ihre Vielfalt ist enorm und zeugt vom Vermögen der menschlichen Phantasie, gesellschaftlich-räumliche Welten hervorzubringen. Wenn sich dabei allerdings eine Konstante zeigt, dann besteht sie in der unauflöslichen Verbindung zwischen dem Entwurf einer anderen Lebensweise und dem einer bestimmten räumlichen Ordnung, die sie verkörpern soll.

»Das unbegrenzte Spektrum an möglichen räumlichen Ordnungen bietet die Aussicht auf ein unbegrenztes Spektrum an möglichen gesellschaftlichen Welten«, bemerkt Harvey.[13] In ihrer positiven Dimension umfasst die utopische Vorstellungskraft die Fähigkeit, zur gegebenen Wirklichkeit und bestehenden Ordnung auf Abstand zu gehen, um Alternativen zu erforschen und zu bestimmen. Das Problem liegt jedoch darin, dass das utopische Denken zugleich immer mit der Frage nach der Durchsetzungsmacht oder Formen von Zwangsgewalt verbunden ist. Michel Foucault nennt dies den »panoptischen Effekt«: Allen utopischen Systemen scheint eine Tendenz zur Überwachung und Kontrolle innezuwohnen, um die Reinheit des Modells sicherzustellen.

Jedes kritische Unterfangen, das nicht in reiner Utopie verharren, sondern eine materielle Gestalt gewinnen will, muss sich letztlich auf das Spiel der herrschenden Institutionen und auf Prozesse des gesellschaftlichen Zwangs einlassen, an denen sein Charakter einer Alternative und die ursprünglichen Versprechen Schaden nehmen können. Mehr noch: »Utopien räumlicher Form sollen gewöhnlich die Prozesse stabilisieren und steuern, die in Gang gesetzt werden müssen, um sie hervorzubringen. Durch den Akt ihrer Verwirklichung gewinnt so der historische Prozess die Kontrolle über die räumliche Form, die ihn eigentlich kontrollieren soll«, bemerkt Harvey.[14] Darin besteht eine eigentümliche Schwäche von Utopien räumlicher Art: Als historisch und zeitlich situierte Bewegungen gegen das Bestehende zielen sie zugleich darauf, in einer eigenen räumlichen Ordnung feste Gestalt zu gewinnen. Sie sind eingelassen in die Zeit und treten mit dem Versprechen eines Bruchs auf, der ein Vorher und ein Nachher definiert, und müssen doch sofort in der Ewigkeit einer Vervollkommnung erstarren, die den zeitlichen Charakter des Sozialen negiert. So als ob die festen, abgeschlossenen räumlichen Formen, in denen sich jede Utopie zwangsläufig verkörpern muss, wenn sie eine konkrete, wirkmächtige, also reale Gestalt gewinnen will, zugleich die Bedingungen ihrer eigenen Unmöglichkeit wären, ihre revolutionäre Aufladung zum Verschwinden brächten. Utopisches Denken geht von der Wirklichkeit aus und markiert in ihr zugleich ein Jenseits, ein Anderswo oder Außen. So als ob die Utopie, auf den Plan gerufen als Kritik der Wirklichkeit, *in eben dieser Wirklichkeit* keine Gestalt annehmen könnte, ohne sich zwangsläufig sogleich zu widerrufen, zu verblassen, ihren kritischen Charakter und ihre explosive Vorstellungskraft einzubüßen. Eine verwirklichte, materialisierte Utopie wäre als eine solche somit keine wirkliche Utopie mehr.

Muss man folglich jeder utopischen Versuchung widerstehen, auf die Gefahr hin, damit auf das wichtigste Werkzeug zur Erforschung emanzipatorischer strategischer Alternativen zu verzichten? Angesichts der Sackgasse traditioneller räumlicher Utopien versuchen heute viele Denker:innen, Utopie neu zu bestimmen: als ein offenes, praktisch unabschließbares Experimentieren mit verschiedensten räumlichen Formen, die es uns erlauben, ein Maximum an menschlichen Möglichkeiten auszuloten: mit Blick auf Geschlechterverhältnisse, Arten des Produzierens und Konsumierens, der Beziehungen zur Natur usw. Das setzt die Einsicht voraus, dass Utopien erstens nie mehr sind als zeitlich gebundene Erfahrungen, nicht ein für alle Mal feststehende, vollkommene Formen; und dass sie zweitens das Risiko eingehen müssen, in materiellen und institutionellen Räumen Gestalt anzunehmen, die die Reinheit der Idee und die noblen, romantischen Absichten des utopischen Bedürfnisses teilweise verraten. Darauf muss sich das kritische Denken einlassen, denn andernfalls bliebe nur eine Ablehnung jeglicher Utopie, womit man die Gestaltung von Räumen und somit von gesellschaftlichen Verhältnissen anderen (liberalen oder konservativen) Kräften überließe. Dann wäre es nicht länger möglich, aus dem gegebenen Augenblick heraus ein normatives Ideal zu formulieren, das als Richtschnur des Handelns und als Kriterium für die Beurteilung der realen Lage dienen könnte. Wie Simone Weil sagte: »Das Bessere ist nur durch das Vollkommene vorstellbar.«

Das »Recht auf Stadt« ist eine der möglichen Formen einer solchen experimentellen Utopie, die jedoch ungeachtet eines gewissen Erfolgs, den sie als Losung genießt, auf dem Markt der Utopien etwas aus der Mode gekommen ist. Das quälende Bewusstsein der Notwendigkeit, jenes Band zwischen dem »Wir« und dem »Wo« neu zu knüpfen, das im Zentrum aller utopischen Lehren steht, scheint heute andere Modelle zu bevorzugen, die offenbar ambitionierter und realistischer sind.

Räume, die uns gehören

Die Party ist vorbei

Das Anliegen der vielen Menschen, die sich an Verkehrskreiseln, auf Straßen und Plätzen, in Parks und ZADs versammeln, oder die die Zeit dafür aufbringen, Kooperativen und Gemeinschaftsgärten zu betreiben, besteht weder im Erwerb von Besitz noch darin, »partizipieren« zu dürfen oder »befragt« zu werden. Wer solche sozialen Bewegungen und Initiativen im Alltagsleben auf schlichte wirtschaftliche Motive oder das Bedürfnis, »gehört zu werden«, reduziert, übersieht gerade das Wesentliche. Denn im Kern geht es bei diesen vielfältigen Phänomenen um den festen Willen, sich (wieder) anzueignen, was man lebt und was man tut; wieder dort Platz zu nehmen, wo über unsere Lebensumstände entschieden wird; an dem Ort, an dem man sich befindet, ein reicheres Leben führen zu können – und wieder Handlungsmacht zu gewinnen.

Doch vor dem Hintergrund, dass das revolutionäre Versprechen eines großen Umsturzes ebenso gescheitert ist wie die Phantasien einer Zähmung oder moralischen Indienstnahme der Marktkräfte, ist das »fortschrittliche« Denken offenbar mehr denn je unrettbar dazu verurteilt, in einer Art Melancholie oder ständiger Trauer zu verharren. Die oben erwähnten Initiativen scheinen nicht länger imstande, mehr aufzubieten als kurze euphorische Episoden. Irgendwann versickern die Energien, lässt die Entschlossenheit nach, zerfallen die neu geschaffenen Orte und leeren sich. Dann stellt sich wieder das Gefühl einer Art von Ersticken ein, einer aporetischen Existenz in einer Welt, die offenbar kein Außen kennt, und die Unglückspropheten stimmen wieder ihre übliche Leier an: »Das hab ich euch doch gleich gesagt!« Das Glück war nicht von Dauer, die Freude sehr zerbrechlich. Danach ... der große Kater, begleitet von vielen Erinnerungen. Die Party war schön, keine Frage. Aber sie ist vorbei. Das Bedürfnis nach Gemeinschaft, der Wunsch, anders zusammenzuleben, und die Notwendigkeit, unsere Beziehungen zur Natur und zur Welt radikal zu verändern – ein absolut wesentliches und dringliches Anliegen, wie wir wissen –, finden keinen dauerhaften Platz. Das bringt uns dazu, den Zusammenbruch herbeizusehnen, so als sei er der erhoffte Ausweg, ein frischer Windstoß, der uns zugleich unser schlechtes Gewissen und unsere Illusionen nimmt. Wie Gefängnisinsassen suchen wir verzweifelt und offenbar vergeblich nach einer Pforte, die uns nach draußen führt.

Für viele Anhänger dieser apokalyptischen Vision sind die Städte ein Symbol für die Sackgasse, in der wir uns befinden. Sie stehen für das Übel einer von sich selbst eingenommenen Moderne, aufgebläht von der Hybris einer am Bild ihrer selbst verblendeten, naturvergessenen Menschheit. Doch mit Blick auf solche Auffassungen genügt es, einige sehr einfache Fragen zu stellen: Wo sollen wir denn hin, wenn wir nicht mehr in unseren Städten leben? Was machen wir dann mit diesen Räumen, durch die unser Leben seine Form gewinnt? Geben wir diese Tonnen von Beton, Stein und Asphalt kurzerhand auf, um in der »Natur« kleine Gemeinschaften zu bilden? Doch wo findet sich diese vermeintliche Natur heute noch? Wie kann man auch nur eine Sekunde lang meinen, es erwarte uns mehr Gleichheit, wenn wir uns auf den Trümmern des Kapitalismus ein erhabenes, aber prekäres Leben aufbauen? Anzunehmen ist doch eher das Gegenteil: Eine solche postapokalyptische Existenz würde die Aussicht auf beispiellose Gewalt eröffnen und die Ungleichheiten zwischen Menschen, die dann nicht mehr zu leben, sondern bloß noch zu überleben versuchen, massiv verstärken. Diese Vision läuft schlicht und einfach darauf hinaus, das Versprechen einer Emanzipation für alle aufzugeben.

Hütten und Löcher

Die heutige Begeisterung für das Thema Hütte, die eine faszinierende Literatur hervorgebracht hat, zeigt eindrücklich, wie sich unser Verhältnis zum politischen Raum gewandelt hat.[1] In der technizistischen Welt der kapitalistischen Stadt steht die Hütte metaphorisch für eine Art zeitgenössische Romantik und löst eine Reihe von Assoziationen aus – Kindheit, Naturnähe, urtümliche Beschränkung auf das Wesentliche, Minimalismus und Genügsamkeit, Rückkehr zu Handwerk, Tüftelei und Do-it-yourself. Sie drückt auf frappierende Weise den Vorstellungshorizont einer alternativen Politik aus, die heute Konjunktur hat. Als Urphantasie der Architektur mindestens seit Abbé Laugier, wenn nicht sogar seit Vitruv, ist die Hütte das räumliche Pendant zur neueren Schwärmerei für die Jäger und Sammler. Sie ist unser zeitgenössischer Mythos des Edlen Wilden – und erstaunlich modern, insofern das Heraufbeschwören stilisierter Figuren einer angeblichen Natürlichkeit modern ist. Es gibt nichts Moderneres als den heutigen *survivalist,* geprägt von der Begeisterung für abgelegene Hütten (»Cabin Porn«), Paläo-Diät und Tiny Houses und der Lektüre von Gabriel Tallents *Mein Ein und Alles.*

Andererseits zeugt die Allgegenwart des Bilds der Hütte davon, dass wir tief in unserem politischen Unbewussten von der Suche nach einem unauffindbaren *Wo* verfolgt werden, einem Ausgang oder einer Passage, um wieder eine andere Existenz zu erfinden. Insofern ist die Hütte die Quintessenz der Renaissance einer Politik der Sezession, des Exodus oder Rückzugs. Eine Art architektonische und traditionelle Version des Gartens. Besonders frappierend daran ist, wie klar der Bezug auf die Hütte die Art und Weise ausdrückt, wie wir uns eine alternative Politik vorstellen: durch die Schaffung anderer Räume. Deutlich wird dies am verbreiteten und oftmals nicht besonders strikten Rückgriff auf Foucaults Begriff der »Heterotopie«.[2] So großartig seine ursprüngliche Formulierung auch war, scheint der Begriff heute Teil einer Vulgata zu sein, zumal ihn eine Aura von Prestige umgibt. Er wird als eine Art Zauberwort verwendet, das für die Alternative stehen soll, ohne dass man sich wirklich auf den Text von Foucault bezieht – wobei die explosive Wirkung seines Namens nur zu gerne in Anspruch genommen wird – und ohne zu hinterfragen, was an dem Begriff problematisch sein könnte.[3]

Kurz gesagt schlägt Foucault in seinem Text vor, die Frage von verwirklichten Utopien, also von alternativen Räumen, neu zu denken, indem er ihnen den Namen »Heterotopien« gibt. Und er fasst ihr Studium durch die Begründung einer Wissenschaft ins Auge, die er »Heterologie« oder »Heterotopologie« nennt.[4] Doch was ist eine Heterotopie, und was unterscheidet sie von Utopien oder verbindet sie mit ihnen? In einer außergewöhnlichen Prosa führt der Philosoph diese Unterscheidung folgendermaßen ein:

> »Es gibt also Länder ohne Ort und Geschichten ohne Chronologie. Es gibt Städte, Planeten, Kontinente, Universen, die man auf keiner Karte und auch nirgendwo am Himmel finden könnte, und zwar einfach deshalb, weil sie keinem Raum angehören. Diese Städte, Kontinente und Planeten sind natürlich, wie man so sagt, im

> Kopf der Menschen entstanden oder eigentlich im Zwischenraum zwischen ihren Worten, in den Tiefenschichten ihrer Erzählungen oder auch am ortlosen Ort ihrer Träume, in der Leere ihrer Herzen, kurz gesagt, in den angenehmen Gefilden der Utopien. Dennoch glaube ich, dass es – in allen Gesellschaften – Utopien gibt, die einen genau bestimmbaren, realen, auf der Karte zu findenden Ort besitzen und auch eine genau bestimmbare Zeit, die sich nach dem alltäglichen Kalender festlegen und messen lässt. Wahrscheinlich schneidet jede menschliche Gruppe aus dem Raum, den sie besetzt hält, in dem sie wirklich lebt und arbeitet, utopische Orte aus und aus der Zeit, in der sie ihre Aktivitäten entwickelt, uchronische Augenblicke.«[5]

Als »Heterotopie« bezeichnet Foucault sowohl die »lokalisierten Utopien«, deren Ort und Zeit real und genau bestimmbar sind (was sie von Utopien im strengen Sinn unterscheidet), als auch Räume/Zeiten, die zugleich vollkommen andersartige Orte und Gegenräume sind. Die Heterotopie ist ein anderer Raum oder Gegenraum, der in den gesellschaftlich vorherrschenden Raum einen Bruch, eine Diskontinuität einschreibt, indem er ihn durch seine eigene Andersartigkeit infrage stellt. Heterotopien, das sind »diese realen Orte jenseits aller Orte«.[6]

Mit der Unterscheidung zwischen Utopie und Heterotopie wird man in gewisser Weise Zeuge, wie das Utopische innerhalb der Realität um sich greift. Liest man Foucaults Text genau, dann entsteht entgegen dem dualistischen Gegensatz von Utopie und Wirklichkeit der Eindruck, dass wir ringsum von Utopien oder einer Art utopischen Kraft, die das schlechthin Gegebene des Realen aushöhlt, umgeben oder umzingelt sind. Die Utopie ist überall um uns herum, sie ist immer schon verwirklicht in konkreten Räumen und sie hat eine präzise Bezeichnung – »Heterotopie«. Es handelt sich bei ihr gleichermaßen um den Garten, den Dachboden, das Ehebett der Eltern (als kindliche Heterotopie), um Friedhöfe, Irrenanstalten, Gefängnisse und geschlossene Heime, Sanatorien, Gymnasien, Kasernen, um Bibliotheken, Theater und Museen, Hamams und Saunen, Hochzeitsreisen und Passagierschiffe und sogar um den fliegenden Teppich des Orients, die Kolonien der Jesuiten und die Dörfer des Club Méditerranée! Das geht so weit, dass man irgendwann nicht mehr weiß, ob Heterotopien ein Typus von Utopie sind, durch den ihre Vielfalt verwirklicht wird, oder nicht eher die Utopien im strengen Sinne, als »das, was keinen realen Ort besitzt«, einen eingeschränkten Typus von Heterotopie darstellen. Wenn die Utopie zweifellos nirgendwo existiert, so gibt es Heterotopie allerorten, in sämtlichen Gesellschaften, immer und überall, behauptet Foucault.

Heute werden alle auf neuartige Räume gestützten Versuche von sozialem Protest als Ausdruck des Bedürfnisses beschrieben, Heterotopien zu erfinden; die mit dem Begriff zwangsläufig verbundenen Schwierigkeiten und seine grundlegende Ambivalenz bleiben dabei ausgeblendet. Die Besetzung eines Platzes oder auch eines Ortes, der durch ein naturzerstörerisches Infrastrukturprojekt bedroht ist, gilt ebenso als Herstellung einer Heterotopie wie die Schaffung einer solidarischen Gemeinschaft am neutralen und profanen Ort des Verkehrskreisels, die Nutzung irgendeiner städtischen Brachfläche sowie jede Hausbesetzung und jedes temporäre Projekt, das ein bisschen alternativ ist. All das sind nur unterschiedliche Arten, Hütten zu errichten, um den Verheerungen des urbanen Raums etwas entgegenzusetzen, sei es durch den Aufbau einer Gegenstadt innerhalb dieses Raums, sei es durch eine Sezession von der unrettbar verdorbenen Stadt.

Die Hütte ist ihrem Wesen nach heterotopisch; sie ist die Quintessenz des *anderen* Raums. Hütten bauen: Das gilt es zu tun, wenn man eine andere Art zu leben erfinden, eine Alternative zur kapitalistischen Lebensweise vorschlagen will. Aufgrund der Desillusionierung über das utopische Versprechen können Lösungen heute grundsätzlich nur lokaler und begrenzter Art, prekär und temporär sein. Ob man dies nun begrüßt und die Heterotopie als eine oppositionelle Kraft feiert, die sich von den Wahnvorstellungen der traditionellen Utopie gelöst hat (Festlegung eines vollkommenen, in sich geschlossenen Modells, das ein für alle Mal definiert ist; autoritäre Durchsetzung einer bestimmten Lebensweise; Verwirklichung durch Gewalt und Radikalismus), oder ob man es bedauert und in einer etwas stupiden Manier darüber klagt, dass soziale Bewegungen wie die Besetzungen von Plätzen (man denke an die Diskussionen um Nuit Debout) oder von Verkehrskreiseln angeblich keinerlei Organisation, traditionelle politische Vermittlung, stabile Institutionen und dauerhaften Widerstand hervorbringen – die Vorstellungswelt alternativer Politik ist heute ihrem Wesen nach unbestreitbar heterotopisch.

Wer sich mit der Vorherrschaft und angeblichen Naturhaftigkeit von Ungleichheiten nicht abfinden mag, formuliert nicht mehr einen utopischen Horizont, in dem eine zukünftige umfassende Emanzipation aufscheint, sondern erfindet *hier und jetzt* andere Arten, Gemeinschaft herzustellen und dabei anderen Werten zu folgen als denen, die in der Welt des Kapitalismus Gültigkeit besitzen. Um dies zu tun, ist es unabdingbar, andere Räume zu schaffen. Dabei kann es sich um Orte handeln, die außerhalb der urbanen Entfremdung liegen, oder um solche innerhalb der Stadt (sichtbare, wie etwa große Plätze, und eher marginale, wie ein besetztes Haus), die man in Beschlag nimmt, neu belebt und so ihrer kommerziellen Bedeutung und Nutzung entwindet.

Jacques Rancière verwendet ein faszinierendes Bild, um

zu beschreiben, was man das heterotopische Wesen der heutigen politischen Vorstellungswelt nennen könnte. Er ist der Überzeugung,

> »dass die Entwicklung all jener Formen wesentlich ist, die sich von den Wahrnehmungs-, Denk-, Lebens- und Gemeinschaftsformen, die von der Logik der Ungleichheit angeboten werden, lösen. (...) In diesem umfassenden Milieu versucht man, *Löcher zu graben*, sie auszubauen und zu erweitern, anstatt dass man Armeen für die Schlacht aufstellt.«[7]

Löcher graben: Diese Metapher scheint mir hier absolut wesentlich zu sein. Doch so schön das Bild auch sein mag, entscheidend ist, dass man weiß, *wo* man zu graben hat. Wenn man sich bei der Erfindung politischer Formen stets vergegenwärtigen sollte, dass »die Mittel die Ziele sind«, dann ist auch der Raum oder Ort als ein solches zum Ziel avanciertes Mittel zu werten, als eine der grundlegenden ästhetisch-politischen Voraussetzungen für politisches Handeln. Denn wenn das *Wo* nicht gleichgültig ist, kann es nicht darum gehen, schlechterdings irgendwo zu graben und irgendeinen anderen Raum herzustellen, von dessen Charakter und Lage man absieht. Je nachdem, *wo* man gräbt, gelangt man zu einer *substanziell* anderen politischen Form von Assoziierung und Gemeinschaft. Je nachdem, *wo* man gräbt, wird das Loch vollkommen anders aussehen. Solche Feststellungen laufen keineswegs auf einen räumlichen Determinismus hinaus. Aber man gräbt sozusagen nicht überall dieselben Löcher. Sollte man daher versuchen, sie durch die Besetzung von Plätzen zu schaffen, die mit ihrer zentralen Lage politische Macht symbolisieren? Sollte man sie *außerhalb* der urbanen Realität graben, um die Aussichten auf Loslösung und Autonomie zu verbessern und um zugleich eine starke oppositionelle Kraft zu schaffen, mit der man sich im Zuge seiner Loslösung als Pol eines Konflikts konstituiert? Oder sollten wir versuchen, Löcher dort zu graben, wo wir bereits sind, in und ausgehend von unseren Vierteln und den diversen Orten, an denen wir leben und die wir nutzen? Was sollte man zu erreichen versuchen, und welchen Boden würde man dabei entdecken? Einen anderen Raum? Eine Rückgewinnung des Bodens, auf dem wir uns bereits befinden?

Platz, ZAD und Viertel

Und wenn wir damit anfangen würden, genau hier zu graben, in den von uns bevölkerten Räumen, unseren Vierteln, an den Orten, wo wir leben, arbeiten, wohnen, uns vergnügen, die wir passieren? Anders gesagt: Sollten wir vielleicht, anstatt den Blick in die Ferne schweifen zu lassen, unsere Aufmerksamkeit auf dieses *Hier* konzentrieren? Dann würde es weniger um die Suche nach Heterotopien gehen als um die Verteidigung von Homotopien: von jenen banalen, gewöhnlichen, nicht immer perfekten und nicht besonders aufregenden Alltagsorten, die aber einen beträchtlichen Vorteil gegenüber jeder nur denkbaren Heterotopie besitzen: Wir sind bereits dort, auf eine sehr wirksame und reale Weise. Es sind unsere Orte. Orte, die uns gehören.

Die utopischen Versuche ohne Ort in der realen Welt, auf die das Denken der urbanen Reformer zielt (ein klassischer Utopismus der räumlichen Form), und die Strategien einer heterotopischen Flucht in andere Räume (nach Art der Hütte) sind gleichermaßen zum Scheitern verurteilt. Sie führen uns in eine Sackgasse, so reichhaltig sie als gesellschaftliche Erfahrungen und Denkmodelle auch sind. Und wie ich ohne jede Ironie festhalten möchte: All diesen Initiativen gilt meine ganze Bewunderung. Denn sie führen uns vor Augen, dass man eine andere Art, die Stadt zu bewohnen, entwickeln muss, wenn man eine andere Art von Leben sucht. Es gilt, den Raum, in dem wir uns befinden, auf eine Art zu besetzen, die der vorherrschenden Logik der Raumproduktion zuwiderläuft. Denn diese Logik ist Ausdruck und Verkörperung einer offen antisozialen Existenzweise, sie fördert Ausgrenzung und Feindseligkeit in den Beziehungen der Menschen zueinander und zur Welt im Allgemeinen. Es gilt, die Art und Weise, wie wir den städtischen Raum bewohnen, zur tragenden Säule, ja zum Milieu einer anderen Art von Leben zu machen, und so eine Existenzweise zu erfinden, für die dieses Bewohnen der Stadt eine unerlässliche Voraussetzung bildet. Diese Strategie einer vom Territorium ausgehenden Politik kann man jedoch auf verschiedene Weise verfolgen. Denn um es noch einmal zu sagen: Die Wahl des *Wo* stellt *das* entscheidende Kriterium dar, wenn es um die Zurückgewinnung einer anderen Art von gemeinschaftlichem Leben geht. Die Wahl des *Wo* ist ausschlaggebend für die Form des *Wir*.

Wie bereits betont, scheinen uns heute drei Modelle zur Verfügung zu stehen, wenn wir einen bestimmten Gedanken der Emanzipation des *Wir* durch die Verankerung in einem *Wo* verwirklichen wollen: das Modell der ZAD, das der Platzbesetzung und das des Rechts auf Stadt. Die ersten beiden sind in gewisser Weise ein Versuch, die besagten Löcher im Sinne der Heterotopie zu graben, um aus dem Inneren der verstümmelten kapitalistischen Lebenswelt heraus die Funken der Urbanität sprühen zu lassen. Es sind heilsame Versuche eines Kampfes *innerhalb und gegen* das Bestehende und als solche fraglos die einzige Form von Kampf und Widerstand, die gegenwärtig vorstellbar scheint. Ungeachtet der allgemeinen Kritik, die ich daran entfalten werde, sei zugleich bemerkt, dass man sich über die extreme Vielfalt der Kontexte und Ziele solcher sozialer Bewegungen vollkommen im Klaren sein muss. Eine Bewegung wie die auf dem Tahrir-Platz, die gegen eine autoritäre Macht gekämpft hat, und eine Bewegung wie Nuit Debout, die andere demokratische Formen erfinden wollte, kann man unmöglich in dieselbe Schublade stecken, und die ZAD in Notre-Dame-des-Landes ist etwas anderes als Occupy Wall Street.[8]

Alle diese Bewegungen reagieren auf unterschiedliche Notwendigkeiten und bringen jeweils besondere Bedürfnisse zum Ausdruck. Was sie verbindet, ist, dass sie aus einem Gefühl von Dringlichkeit hervorgehen. Doch mit Blick auf die Frage, um die es mir geht – und die mir ausschließlich durch die Stärke solcher Bewegungen bewusst geworden ist –, bringen sie eine aufschlussreiche Form von Gemeinschaft hervor: eine, die ein ausgeprägtes Bewusstsein für die notwendige Verbindung zwischen dem *Wir* und dem *Wo* im Zuge demokratischen Experimentierens besitzt. Diese Bewegungen entstehen aus dem Bedürfnis, die von den Protestierenden auf dem Tahrir-Platz ins Rampenlicht gerückte Taktik der Platzbesetzung mit dem Modell der Vollversammlung der spanischen *acampadas* in ihrem jeweiligen Kontext miteinander zu verbinden.

Vor dem Hintergrund einer gemeinsamen Geisteshaltung, die meines Erachtens sehr allgemein gefasst in einer Kritik der Repräsentation besteht – der Form von Politik in unserem Leben schlechthin –, gilt es offenkundig etliche Unterschiede zwischen dem Modell von Versammlungen auf besetzten Plätzen und dem der ZADs zu berücksichtigen. Das gilt nicht nur in objektiver Hinsicht (Notwendigkeit, ein Naturgebiet gegen ein Infrastrukturprojekt zu verteidigen; Entschlossenheit, die Frage der Demokratie durch das eigene Handeln neu zu stellen; Rolle von wirtschaftlichen Forderungen; Besetzung von Orten außerhalb der Stadt oder »Deterritorialisierung« urbaner Räume), sondern auch mit Blick auf die Frage, was in den besetzten Räumen getan wird (Diskussionen und Debatten, Organisation von Komitees, Auseinandersetzung über die politischen Formen von Beratung und Entscheidung, produktive Tätigkeiten und Arbeit, Gestaltung der Orte usw.). Jede Bewegung ist ein einzigartiges, wandlungsfähiges Experiment, das in den und durch die konkreten Interaktionen zwischen den Beteiligten Form annimmt; jede hat ein eigenes Gesicht. Das gilt auch für die Bewegung der Gelbwesten, die offenbar in vieler Hinsicht versucht hat, die Strategien der Platzbesetzung und die der ZAD miteinander zu verbinden. Die Besetzung von Verkehrskreiseln – ein Nichtort par excellence – stellt dabei eine geradezu geniale räumlich-politische Erfindung dar.

Wenn man sich indessen an einen anderen Ort begibt, um Sichtbarkeit und Gehör zu finden, um seine privaten Nöte in einem öffentlichen Raum zu teilen und andere Arten des Produzierens oder Zusammenseins zu entwickeln, dann stets aufgrund eines problematischen Verhältnisses zu den Orten, *an denen wir uns bereits befinden.* Denn die Verkehrskreisel, Plätze oder landwirtschaftlichen Brachflächen sind keine Räume, in denen wir tagtäglich unser gewöhnliches Leben verbringen. Sie sind vielmehr ein Anderswo oder Außen. Bestenfalls handelt es sich um Orte, die wir kurzzeitig aufsuchen oder eine Weile lang provisorisch bewohnen.[9] Angesichts der Entfremdung des Alltagslebens mit Blick auf Wohnen, Arbeit, Freizeit und Konsum versuchen alle diese Bewegungen, sich *anderswo* zu entfalten. Sie schaffen andere Räume, um – zumindest für einen Augenblick – zu spüren, dass man anders leben kann. Doch irgendwann muss man wieder nach Hause, zurück zur Familie oder den Kindern, zurück an die Arbeit usw. All diese Dinge bleiben dabei zwar nicht unverändert, doch eine gewisse Trägheit wird das Alltagsleben immer kennzeichnen. Insofern erscheint mir die Entscheidung für solche Orte grundsätzlich wie eine Art Verzicht: Indem man den Platz oder den Verkehrskreisel dazu auserwählt, Schauplatz einer Neuerfindung des Gemeinsamen zu sein, verzichtet man auf die Möglichkeit, eben diese Praxis im lebendigen Gewebe unserer alltäglichen Orte zu verankern. Die ZAD erweist sich in dieser Hinsicht als konsequenter, wenngleich ihr Verhältnis zum Urbanen in unserem Kontext ein problematisches ist.

Um es kurz zu machen: Mit Blick auf das *Wo*, das alle diese Bewegungen wählen, hege ich große Zweifel. Wenn es um Widerstand gegen die Ordnung des Kommerzes und die Art und Weise geht, wie sie uns unseres Lebens enteignet, dann sind die Plätze und die ZADs nicht die geeignetsten Orte. Ihre Form als solche und ihr (aus verschiedenen Gründen) begrenzter Charakter bilden eine Hürde für die durchaus legitimen Bedürfnisse, die in ihnen zum Ausdruck kommen. Jenseits von Prinzipienerklärungen und allgemeinen, prophetischen Proklamationen gilt es, konkret über die Bedingungen für eine andere Lebensweise nachzudenken, indem wir von dem ausgehen, was unser heutiges Leben am prägnantesten kennzeichnet: die Verankerung im Alltag, in der urbanen Existenz; das Bedürfnis, ein Leben zu führen, das nicht durch und durch politisiert ist.

Die Existenzweise in den ZADs und auf den besetzten Plätzen weist in ihrer zeitlichen wie räumlichen Dimension eine gewisse Färbung auf, die immer ein Zeichen dafür ist, dass die Neuerfindung des Alltagslebens gerade durch einen *Rückzug* daraus stattfinden soll: Man gibt das Gewohnte auf und schafft eine Form von Ausnahmezustand. Mit Blick auf das *Wo* und *Wann* des gewöhnlichen urbanen Lebens geht es immer um eine Art von Bruch, Exodus oder Unterbrechung. Die Suche nach einer anderen Art von Leben im Hier und Jetzt verbindet sich so auf problematische Weise damit, dieses Bedürfnis an einen anderen Ort zu verschieben und eine andere Zeit als die des Alltagslebens herzustellen. Anstatt das Leben ausgehend von »dort, wo wir immer schon sind«, neu zu erfinden, versucht man durch die Besetzung eines Jenseits oder Außerhalb ein Hier zu schaffen. Ebenso gilt für die zeitliche Ebene, dass das so geschaffene Jetzt nicht mehr das des Alltagslebens ist. Vielmehr wird dieses gewöhnliche Leben umfassend politisiert und so in eine Art Ausnahmezustand überführt, der sich nicht in einer erstrebenswerten Weise verstetigen kann und kein stabiles, nachhaltiges Leben jenseits der Zeitordnung des Aktivismus und der gemeinsamen politischen Aktion zulässt. Wenn die Demonstration vorbei ist, kehrt man zurück in den Alltag. Auf jeden Samstag, an dem man an einer Besetzung teilnimmt, folgt ein Montag, an dem man wieder zur Arbeit geht ...

Auch das Modell der Versammlung an besetzten Orten ist zu begrenzt, um als Grundlage für den Versuch zu dienen, durch die Gestaltung des Raums demokratische, auf dem Alltag aufbauende Lebensformen zu erfinden. Dafür gibt es mehrere Gründe; einige davon hat die Philosophin Joëlle Zask angeführt.[10] So passen die Ziele der Bewegung der Plätze nicht zu den von ihr gewählten Orten, die das politische Bedürfnis nach einer anderen Art des Zusammenlebens verkörpern sollen.

Wir wählen für unseren Protest meistens Orte, die für die Wiederbelebung von Formen demokratischer Selbstverwaltung ungeeignet sind. Morphologisch betrachtet – ein leerer, einheitlicher Raum, der sich für keinerlei Nutzung anbietet, ausgerichtet an einer Gebäudefront und mit einem Denkmal in der Mitte – kommen sie einem demokratischen Leben kaum entgegen, und sie sind symbolisch mit einer politischen Geschichte aufgeladen, die im Widerspruch zu den emanzipatorischen Idealen der betreffenden Bewegungen steht (abstrakte Vereinheitlichung und Gleichstellung, Auslöschung von Differenzen durch Bejahung einer grundlegenden rationellen Gleichheit). Das Modell des leeren Platzes, in dessen Zentrum sich eine Repräsentation autoritärer Macht befindet (ein Beispiel dafür wäre die Place de la République in Paris), ist mit Blick auf die Ideale, die von ihm aus verbreitet werden sollen, kontraproduktiv: ein Mittel, das sich für die anvisierten Ziele als untauglich erweist.

Das Bedürfnis, im *Hier und Jetzt* eine andere Art des Zusammenlebens zu verkörpern, kann im Modell der Besetzung keinen Ausdruck finden, denn sie stellt meistens eher eine Reaktion dar als die Erfindung einer positiven Form – ein reines Aufbegehren gegen die Macht, eine Art und Weise, sich in das Kräfteverhältnis einzuschreiben, indem man durch die Besetzung zentraler Orte den Willen zur Aneignung von Macht demonstriert. Der Platz bringt sehr begrenzte Formen des Zusammenseins in einem öffentlichen Raum hervor, der in der Regel kein authentischer Ort des Lebens und des demokratischen Ausdrucks ist. Er verpflichtet die beteiligte Gruppe auf die Logik einer oppositionellen Repräsentation (als schlichte Verlängerung von Politik, die die Straße dabei darstellt) und etabliert sich als eine politische Funktion, abgetrennt von anderen Aspekten des Lebens, um durch eben diese Trennung vom Profanen Würde zu erlangen.

Die besetzten Räume sind in aller Regel keine wirklichen Orte des demokratischen Lebens, sondern schlichte Instrumente des Widerstands, mit denen man in den sichtbaren Raum der Politik Forderungen einbringen kann – im Einklang mit den gewöhnlichen politischen Spielregeln. Damit gehorcht die Versammlung einer durch und durch politischen Logik, die nicht imstande ist, die Art, wie wir alltäglich die Stadt bewohnen, tiefgreifend zu verändern (oder dies allenfalls auf indirekte Weise tut). In dieser Hinsicht könnte die Frage interessant sein, aufgrund welcher Kriterien man zu dem Schluss gelangt, dass das, was aus einem Platz einen geeigneten Ort für politischen Widerstand macht, sich nicht mit dem deckt, was ihn zu einem lebenswerten Ort macht. Der demokratische Platz, wie ihn Joëlle

Zask als Ort des Lebens definiert, ist jedenfalls zumeist kaum kompatibel mit dem besetzten Platz, der einer politischen Versammlung dient. Ein guter Platz für Politik ist somit nicht zwangsläufig ein guter Platz mit Blick auf das demokratische Stadtleben.

Abschließend möchte ich nochmals betonen, dass die neuere Fokussierung auf die Frage der Plätze kaum darüber hinwegtäuschen kann, wie begrenzt der Charakter dieser Art von Räumen ist. Die Bewegung der Platzbesetzungen hat in den letzten Jahren mehr als jede andere dazu beigetragen, dass ein gewisser Sinn für das Recht auf Stadt wieder Auftrieb gewinnt, aber die Möglichkeiten, dieses weiter gefasste Recht einzuklagen, kann sie keinesfalls ausschöpfen. Die Stadt ist mehr als ein Platz. Sie umfasst zahllose andere Orte, die es einzunehmen gilt. In gewisser Weise verstellt die ausschließliche Konzentration auf die Frage von Versammlungen die wirkliche Tragweite, die der Gedanke des Rechts auf Stadt hat. Was bedeutet dieses Recht für unsere Viertel? Für unsere Straßen und ein Verhältnis zu ihnen, das sich nicht in politischen Aktionen und Demonstrationen erschöpft? Was bedeutet es für die Orte, an denen wir arbeiten oder unsere freie Zeit genießen, für die Geschäfte, in denen wir einkaufen, für die Kulturstätten, die wir besuchen, die Spielplätze, auf die wir mit unseren Kindern gehen, oder auch die Räume, die wir nur passieren, weil wir gerade irgendwohin unterwegs sind? Was bedeutet es für alle diese Orte, die wir nicht in einem spektakulären Akt besetzen, sondern an denen sich unser Leben auf eine ganz gewöhnliche, alltägliche Weise abspielt? Die Erfindung oder Neuerfindung eines anderen Lebens im Hier und Jetzt findet vielleicht viel eher an solchen Orten statt als durch die Besetzung von Räumen fernab unseres gewöhnlichen urbanen Alltags oder von zentral gelegenen Plätzen in der Nähe der politischen Macht. Die ZADs und die Platzbesetzungen sind insofern zwar in vieler Hinsicht vorbildlich, aber doch Sonderfälle und recht begrenzte Räume, die viel weniger Bedeutung für uns besitzen als die Orte unseres Alltagslebens, die die heutige Raumproduktion uns nimmt.

Eine Stadt des Vertrauens

Zurück in unsere Viertel also, um sie zum Ausgangspunkt allen Engagements für das Recht auf Stadt zu machen. Diese Rückkehr an die Orte unseres Lebens ermöglicht es uns, die Erfindung einer anderen Art, im Hier und Jetzt zu leben, unter zwei Aspekten neu zu fassen: Erstens, indem wir die Herstellung dieses Anderen vom Gedanken einer radikalen Differenz lösen – es geht um ein anderes Leben *hier* und nicht *anderswo* –, und zweitens durch das Bemühen um eine Zeitordnung, die im Alltag verankert ist und nicht im restlos politisierten Ausnahmezustand des Kampfes. Diese andere Art zu leben muss daher nicht unbedingt als ein totaler Bruch, als Sezession gedacht werden, sondern eher als eine andere Art, jenes Leben zu leben oder neu zu erfinden, das wir unter den uns eigenen Umständen schon immer führen. Wir suchen das andere Leben also nicht in anderen Räumen oder in einer radikalen Heterotopisierung von Alltagsräumen, sondern in einer erneuten Inbesitznahme unserer Räume. Es geht um Wiederaneignung, um den Versuch, eben dort, wo wir bereits sind, erneut Platz zu nehmen – jenseits aller Bestrebungen, uns von den Orten zu entwurzeln, die uns gehören.

Die Verteidigung, erneute Inbesitznahme und Neuerfindung unserer Viertel stand im Zentrum der Kämpfe von Jane Jacobs und ihres 1961 erschienenen Meisterwerks *The Death and Life of Great American Cities*. Jacobs war weder Stadtplanerin noch Architektin oder Spezialistin für diese Gebiete, sondern eine Journalistin mit großer Leidenschaft für die Stadt und eine Aktivistin, die sich vehement für die Verteidigung der urbanen Umwelt einsetzte. In ihren Kämpfen nahm sie immer die Perspektive der Bewohner ein und betrieb eine in die urbane Existenz versenkte Phänomenologie, um den grotesken Abstraktionen entgegenzutreten, die von den Planern und Verwaltern der amerikanischen Großstädte, allen voran dem berühmten Stadtplaner Robert Moses, ins Werk gesetzt wurden.[11] Als eine Art verfrühte Warnerin – es ist interessant, dass ihr Buch praktisch zeitgleich mit einem der wichtigsten ökologischen Werke des 20. Jahrhunderts erschien, nämlich Rachel Carsons *The Silent Spring* (dt.: *Der stumme Frühling*) – verkörpert sie auf großartige Weise die Verteidigung des Rechts auf Stadt, auch wenn es damals noch nicht so genannt wurde.

Gegen »die Pseudowissenschaft der Stadterneuerung und -planung«[12] und im Bemühen, die Asymmetrie zwischen Experten und Bürgern, Regierenden und Regierten zu überwinden, versucht Jacobs die Funktionsweise von Großstädten durch ein geduldiges Beobachten der intrinsischen Ordnung all der verschiedenen Tätigkeiten zu verstehen, die sie hervorbringen und organisieren.[13] Die Stadt ist für sie mitnichten eine durchweg chaotische Realität, die man von außen durch ein spezialisiertes, vom urbanen Alltagsleben abgetrenntes Wissen in Ordnung bringen müsste; Jacobs versucht stattdessen nachzuvollziehen, was die Stadt zu einer »organisierten Komplexität« macht.[14] Die Stadt ist nicht bloß eine Summe von materiellen Funktionen, die man organisieren müsste, oder ein durch Expertenwissen zu formender Rohstoff, sondern ein Geflecht von alltäglichen Tätigkeiten, die so ineinandergreifen, dass eine Ordnung von beachtlicher Komplexität entsteht; eine Ordnung, die die des Lebens selbst ist und aus dem »›profanen‹ Gewebe der Stadt« hervorgeht.[15]

Und da »Großstädte von Natur aus Vielfalt umfassen«[16],

müssen diejenigen, die sich als für sie zuständig erklären, zunächst einmal diese Vielfalt fördern: Sie ist das Prinzip des urbanen Lebens schlechthin, nur durch sie gewinnen urbane Organismen ihre Vitalität. In der Auseinandersetzung mit dem Denken, das die Stadterneuerung der damaligen Zeit unterfütterte, fiel Jacobs jedoch als Erstes auf, dass es die Stadt, wie sie ist, in ein ausgesprochen schlechtes Licht rückte. Als ein geradezu antiurbanes Denken ohne jede Spur von Leidenschaft für das Leben in den Städten konnte es überall nur Unordnung, Gefahrenherde und ungesunde Zustände ausmachen. Geleitet vom utopischen Trugbild einer *tabula rasa*, begegneten die modernen Theorien der Stadtentwicklung dem Gegebenen, dem urbanen Leben in all der Vielfalt an Möglichkeiten, die es verkörpert, mit Verachtung. Dagegen bestand Jacobs' erster Schritt in einer Art Umkehrung der Perspektive. Wir können von ihr lernen, unser alltägliches Leben in den Städten anders zu sehen, also dem, was vor unseren Augen bereits da ist und nicht aufgrund bestimmter theoretischer Auffassungen von vornherein abgewertet werden sollte, mit Wertschätzung und Liebe zu begegnen. Wie Jacobs schrieb: »Man muss auf den vorhandenen Stärken von Städten aufbauen, um weitere Verbesserungen zu erzielen.«[17]

Diese von der schillernden Fülle des städtischen Lebens eingenommene Optik hat Jacobs auf vielen Seiten ihres Buchs wunderbar zum Ausdruck gebracht. »Stadt« ist bei ihr der Name für das gleichzeitige Bestehen eines Höchstmaßes an Vielfalt, das durch das gesellschaftliche Miteinander einer immensen Zahl von unterschiedlichen Menschen und ihren breitgefächerten alltäglichen Verkehr entsteht. Die Vielfalt der Menschen erzeugt die Vielfalt der Stadt; der lebendige Charakter ihres Verkehrs verleiht den Straßen, Vierteln und Geschäften, den Begegnungen in Parks und kulturellen Einrichtungen ihre Lebendigkeit. Eine solche Vielfalt, das Kennzeichen des urbanen Lebens schlechthin, kann keine theoretisch geleitete, künstliche Stadtplanung jemals hervorbringen.[18] In dieser Überzeugung hat Jacobs immer den Vorrang des Sozialen vor jeder Organisation betont: »Formelle öffentliche Organisationen in Städten benötigen als Grundlage ein informelles öffentliches Leben, das eine Vermittlung zwischen ihnen und dem Privatleben der Einwohner herstellt«; »das informelle öffentliche Leben auf der Straße stärkt ein formelleres, organisiertes öffentliches Leben«.[19] Was hier produktiv wirkt, ist das Leben, und das Leben kann man nicht von außen produzieren.

Umgekehrt aber können fehlgeleitete stadtplanerische Eingriffe sehr schnell zerstören, was das urbane gesellschaftliche Leben über lange Zeiträume hinweg an Gewebe geschaffen hat.[20] Jacobs nennt es auf eine sehr treffende Weise »gegenseitiges Vertrauen«. Das gute, geglückte urbane Leben wäre daher eines, dem es gelingt, einen von Vertrauen geprägten Verkehr zwischen den Menschen hervorzubringen. Dieses Gefühl »entsteht mit der Zeit durch viele, viele kleine Begegnungen auf dem Bürgersteig«.[21] Das Vertrauen im städtischen Leben erwächst so aus einer Fülle von täglichen Begegnungen, einer ständigen Konfrontation mit der urbanen Vielfalt und aus dem Akt oder der Tatsache, dass man in und von seiner urbanen Umwelt lebt.

Man könnte unsere alltäglichen zwischenmenschlichen Beziehungen als oberflächlich abtun und die Künstlichkeit der Großstadt anprangern, doch das hieße, den Wert des Alltäglichen und die wesentliche Bedeutung zu verkennen, die solche scheinbar unbedeutenden Begegnungen in ihrer Gesamtheit besitzen, denn »es bedarf eines großen Ausmaßes an ›Gewöhnlichem‹, um etwas ›Außergewöhnliches‹ hervorzubringen«.[22] Zusammengenommen sind sie keineswegs oberflächlich und bilden die Grundlage für die komplexe Ordnung des Lebens in einem Viertel. Sie geben ihm seine ganz eigene Atmosphäre und Färbung, machen die Zugehörigkeit zu einem bestimmten Ort, der kein Nirgendwo ist, zu einer besonderen Erfahrung; sie erzeugen den Rhythmus eines kleinen Stückchens Stadt, das mit keinem anderen vergleichbar ist.

Die Logik der Straße

Deshalb ist dieses Denken so wichtig für uns, wenn wir die Idee des Rechts auf Stadt ausgehend vom Existierenden, also von unserer Existenz an einem bestimmten Ort, wiederbeleben wollen. Doch wie lässt sich dieser Vorrang des Viertels verstehen, jener lokalen und vielfältigen Ebene mit ihrem in sich verflochtenen Ensemble aus Wohngebäuden, Geschäften, Straßen und Bürgersteigen, privaten wie öffentlichen Räumen, kommunalen und anderen Einrichtungen, bebauten und unbebauten Flächen?[23] Wodurch eignet sich diese Ebene besser für die Wiederaneignung des Urbanen durch den Menschen als die Heterotopie der Plätze oder die Besetzung von *Zones à défendre* außerhalb der Städte?

Erstens scheint es mir gegen den Drang zur umfassenden Politisierung unseres Lebens wichtig festzuhalten, dass das Viertel als ein alltägliches Umfeld es ermöglicht, den Gedanken des Rechts auf Stadt in einem für viele und vielfältige Menschen so realistischen wie erstrebenswerten Horizont zu verankern. Was das profane Leben in einem Viertel ausmacht, ist in gewissem Sinn ungleich bescheidener, dadurch aber zugleich »realer« als das Intermezzo einer kämpferischen Platzbesetzung oder die vollständige Neuerfindung unserer Existenzweisen in den ZADs. Diese beiden Muster einer Verbindung von Orten mit bestimmten Lebensarten, die politische Alternativen zur neoliberalen Welt verkörpern sollen, zeugen in Wirklichkeit von der Illusion einer ausgeprägten »Zusammengehörigkeit« (Jacobs)[24], die für die utopistischen Tendenzen der funktionalistischen Stadtplanung ebenso charakteristisch ist wie für die genannten alternativen Projekte. Doch so stark das Bedürfnis nach Gemeinschaft, das in diesen politischen, sozialen und räumlichen Experimenten zum Ausdruck kommt, angesichts der Vereinsamung in den Großstädten auch sein mag, es ist offenbar nicht imstande, eine stabile, dauerhafte Form von Leben und Zusammenleben hervorzubringen – eine, die im Alltäglichen verankert ist und die Gesamtheit von gesellschaftlichen Bedürfnissen der Menschen berücksichtigt.

Zweitens, und dies richtet sich gegen den Fokus auf die Plätze, sollten wir nicht vergessen, dass sich das urbane Leben zum Großteil auf der Straße abspielt. Und die politische Demonstration ist nur eine Art – eine wichtige, aber auch sehr begrenzte –, die Straße zu nutzen. Sie stellt immer eine Art Unterbrechung des gewöhnlichen Straßenlebens dar; entscheidend ist dagegen, dass die Bürger »Verantwortung dafür übernehmen müssen, was auf den Straßen ihrer Stadt geschieht«.[25] Darin besteht die unverzichtbare Rolle, die die Straße als Grundlage des Lebens im Viertel bei der Gestaltung der Stadt spielt: Alle haben sie im Blick, um Ortsfremde wie Anwohner zu schützen; auf ihr bilden sich Netzwerke der gegenseitigen Hilfe, um das Alltagsleben zu erleichtern; sie fördert das Vertrauen und ermöglicht es, sich wenn nötig an andere zu wenden; sie hilft dabei, Kinder an ein nicht von Gleichgültigkeit und Intoleranz geprägtes städtisches Leben heranzuführen. Mit einem Wort: »Trotz vieler geplanter wie ungeplanter Experimente hat man nie einen Ersatz für lebendige Straßen gefunden.«[26]

Die Stadt ist insofern der öffentliche Raum par excellence, als sie es viel eher als der Platz oder jeder andere urbane Ort ermöglicht, eine Öffentlichkeit im Sinne der

Definition von John Dewey herzustellen. In Jacobs' Buch, das auch ihre eigenen Erfahrungen im Kampf für die Verteidigung ihrer Lebensumwelt reflektiert, findet sich eine Fülle von Beispielen dafür, wie durch den alltäglichen gesellschaftlichen Verkehr auf der Straße ein Geflecht aus Solidarität, gegenseitiger Hilfe und Respekt entsteht. Wie sie betont: »Dass die Stadt ein Ganzes bildet, indem sie Gruppen mit gemeinsamen Interessen zusammenbringt, ist eine ihrer großen Stärken, vielleicht sogar die größte.«[27] Genauer gesagt: Die gemeinsamen Interessen solcher Gruppen bestehen nicht bereits vor jeder Begegnung und jedem Teilen eines Raums, sondern gehen vielmehr aus dem Zusammenleben an einem Ort hervor, der allen gleichermaßen gehört; sie wachsen ausgehend von gewöhnlichen Begegnungen in einer gemeinsam genutzten städtischen Umwelt. »Wenn sich in unseren Straßen genügend Geschäfte und Lebendigkeit finden«, schreibt Jacobs, »wo sie nutzbar und interessant genug sind, um einem öffentlichen Leben Kontinuität zu verleihen, sind wir Amerikaner recht gut imstande, sie selbst zu verwalten.«[28]

Genau darin besteht der Sinn der Entfaltung eines *Wir*, das aus dem von allen geteilten städtischen Raum hervorgeht – aus einem Sinn für das *Wo*: »Wir, die Bewohner dieser Straße, dieses Viertels ...« Die Existenz eines Viertels setzt insofern ein sehr fein austariertes Gleichgewicht zwischen Offenheit und Beständigkeit, Neuem und Gewohntem voraus, einen bestimmten Sinn für seinen mit der Zeit gewachsenen Charakter. Eine solche Harmonie, die offen ist für Veränderungen und in gewisser Weise aus dem Inneren des ganz profanen städtischen Lebens heraus entsteht, ist allerdings etwas höchst Fragiles.[29] Eingriffen von außen, die von Stadtentwicklungsplänen mit geradezu prometheischen Ambitionen diktiert werden, ist grundsätzlich mit Misstrauen zu begegnen. Wenn das, was die urbane Zeitordnung über Jahrzehnte hinweg geschaffen hat – nämlich »das unersetzliche soziale Kapital« eines Viertels, das soziale Gewebe, das seine gelebte Kontinuität ausmacht –, in kurzer Zeit zerstört wird, hat dies einen enormen Preis.

Gewöhnliche Orte, Orte der Emanzipation

Der Gedanke des Rechts auf Stadt steht somit im Zentrum gegenwärtiger demokratischer Bestrebungen, weil er politisches Handeln und zugleich die Lebensform einer radikalen Demokratie an ein Territorium bindet. Die Frage des Ortes, Raumes oder Bodens, *wo* das Zusammenleben Gestalt annimmt, ist heute eine politische Frage ersten Ranges. Dies gilt sowohl angesichts der Tendenz, menschliche Gemeinschaften in einem vermeintlich globalen, abstrakten und austauschbaren Raum zu entwurzeln, wie auch mit Blick auf zutiefst identitäre Reaktionen, die den Gedanken von Territorialität in Modellen einer immunisierenden Abschottung und des Schutzes vor dem Anderen verankern wollen. Das Recht auf Stadt richtet sich gegen die neoliberale Produktion eines Raumes ohne Eigenschaften, dessen einziger Vorzug sein austauschbarer Charakter oder sein potenzieller Marktwert sein soll, wie auch gegen jede identitäre Vereinnahmung. Beide sind nur zwei Seiten derselben Medaille.

Die Stärke des urbanen Modells und der mit ihm verbundenen Lebensweise, verstanden als normatives Ideal in einer bestimmten *Situation*, in der sich das demokratische Abenteuer verkörpert, besteht im Gegenteil in dem Wagnis, eine *nicht identitär aufgeladene Territorialität* zu denken und zu leben – was nicht bedeutet, dass sie keine Vielfalt oder einzigartige Färbung kennen würde! Städte sind durchaus Territorien ganz unterschiedlicher Art und müssen unter allen Umständen versuchen, dies auch zu bleiben.[30] Aber es kann auch nicht darum gehen, musealisierte oder verdinglichte Orte aus ihnen zu machen. Eine solche scheinhafte, herbeiphantasierte Identität liefe nur darauf hinaus, die Kommerzialisierung von Räumen auf einer anderen Ebene nachzuahmen oder fremdenfeindlicher Politik in die Hände zu spielen.

Eine nicht identitär verstandene Territorialität unserer Viertel oder Lebensorte (die sich aus ihrem relationalen Charakter ergibt) muss daher als Grundlage oder Ausgangspunkt jener grundlegenden Forderung nach dem Recht auf Stadt dienen, die ein häufig offen verachteter Teil der Bevölkerung erhebt. Die von Jane Jacobs verteidigte Stadt als Ort der Vielfalt bedeutet ohnehin, sämtliche Nutzungsarten und Nutzer einer gegebenen Umwelt als legitim anzuerkennen – was keinesfalls heißt, jedes Verhalten zu legitimieren oder zu erlauben – und so der Logik der Ausgrenzung entgegenzutreten, die dem städtischen Raum heute pathologische Züge aufprägt. Mit Blick auf die Vitalität urbaner Organismen ist eine solche Vielfalt nicht nur legitim, sondern gesund und richtig.

In diesem Sinne enthält das so verstandene Recht auf Stadt, indem es von den Erfahrungen der Bewohner ausgeht, im Keim die Grundlagen einer Theorie der gesellschaftlichen Anerkennung. In Anlehnung an Axel Honneth formuliert: Mehr als irgendwo anders bildet Anerkennung in der Stadt den Kern des Sozialen schlechthin, und am allermeisten gilt dies vielleicht für das Straßenleben. So utopisch es auch sein mag, das Recht auf Stadt ist ein Recht auf die Aneignung von Räumen des Alltagslebens durch die Menschen, die diese Räume zu dem machen, was sie sind – indem sie sie bewohnen, sich in ihnen austauschen, sie nutzen und passieren. Wenn die Städte, die Viertel und die Straßen, wie Jacobs meinte, *etwas Lebendiges* sind, dann vor allem dank des Lebens, das die Menschen, die sie tagtäglich bevölkern, ihnen verleihen. Wenn die Stadt es ermöglicht, Räume mit Leben zu füllen, dann ist es eben dieses Treiben, das die Stadt eigentlich ausmacht.

Aus diesem Grund habe ich hier für das Recht auf Stadt als einen *dritten Weg* plädiert, verstanden als eine Art und Weise, eben dort, wo wir bereits sind, wieder Platz zu nehmen. Das Recht auf Stadt muss daher vor allem auf die Räume des Alltagslebens zielen, auf gewöhnliche Räume, die nichts Spektakuläres an sich haben, die weder ein bedeutender Platz noch ein Monument mit hohem symbolischen Wert sind. Die Angriffe auf dieses Recht treffen uns vor allem an solchen Orten, in solchen Umgebungen, wo wir uns die meiste Zeit entwickeln und entfalten. Anstatt zu versuchen, der Stadt zu entfliehen – was im Guten wie im Schlechten zum unausweichlichen Horizont zu werden scheint – und einen Sinn für Gemeinschaft in einem heterotopischen Außen wiederherzustellen – doch gibt es ein solches Außen überhaupt noch? –, und anstatt eine kollektive Repräsentation zu inszenieren, indem man für die Zeit einer Besetzung symbolischer Orte das Alltagsleben politisch unterbricht, sollten wir jene Orte wieder in Besitz nehmen, die unsere sind, derer wir uns aber mehr und mehr enteignet fühlen. Diese Enteignung ist der Kern jenes Akts der Verachtung oder Nicht-Anerkennung schlechthin, der die Stadtbewohner heute trifft: Man gibt ihnen zu verstehen, dass die Räume, in denen sich ihr Leben abspielt, nicht ihnen gehören, nicht ihre sind; dass das, was sie selbst in die Produktion dieser Räume einbringen können, eine unbedeutende Restgröße ist.

Gegen Utopie wie Heterotopie gilt es, unsere Räume wieder in Besitz zu nehmen. Anstatt eine ZAD zu bevölkern, sollten wir die Orte unseres eigenen Lebens zu einer *Zone à défendre* machen, zu mehr als einem bloßen Durchgangspunkt oder einer Schlafstätte; anstatt die Wall Street zu besetzen, sollten wir dies mit den Orten tun, die uns gehören, sollten wir an ihnen (wieder) Platz und sie unter unsere Obhut nehmen. Müsste man eine Losung dafür wählen, dann lautete sie: *Occupy Your Streets!* – im Sinne von: *Eignet euch eure Straßen an!*

Dritter Streifzug

ARCHITEKTUREN

Aneignungen

Materialisierung des Kampfes

Die Verteidigung gegen die urbanen Pathologien des Sozialen ist darauf angewiesen, die Idee des Rechts auf Stadt zu erneuern: als einen Kampf um Anerkennung angesichts des Trends zu einer Stadt, die ihre eigenen Bewohner in ihrer ganzen Vielfalt mehr und mehr verachtet, feindselig behandelt und ausgrenzt. Das Recht auf Stadt drückt so die Forderung aus, anzuerkennen, was wir durch unseren alltäglichen Verkehr und Austausch, unsere Arbeit, Pfade, Begegnungen und körperliche Präsenz im sichtbaren Raum aus der Stadt machen. In dieser Hinsicht ist die Entscheidungshoheit darüber, wie unsere alltäglichen Umgebungen gestaltet werden, eine für uns sehr wesentliche Frage, denn diese Umgebungen spielen eine zentrale Rolle bei der Herausbildung unserer individuellen und kollektiven Identitäten. Wir gehören ebenso sehr zur Stadt, wie die Stadt uns gehört. Dabei geht es weder um Besitz noch Eigentum, aber durchaus um Aneignung: um die Herstellung eines menschlichen Milieus, das Werk und Widerschein unserer verschiedenen Arten ist, die Stadt zu nutzen. Unsere Städte machen uns zu dem, was wir sind; unsere Räume sind das, was wir aus ihnen machen.

Das Recht auf Stadt ist daher keineswegs ein bloßer utopischer Signifikant, eine rein spekulative Zukunft, die man der Tristesse des realen urbanen Lebens entgegenhält, oder Ausdruck des Willens zu einem heterotopischen Exodus;

es muss vielmehr ein zugleich defensives wie positives Projekt umfassen: eine Wiederaneignung unserer Räume, eine erneute Inbesitznahme der Orte, an denen wir uns bereits befinden und derer wir uns zunehmend enteignet fühlen.

Aus diesem Blickwinkel ist im Laufe der bisherigen Reflexionen deutlich geworden, dass *der Einsatz der Bewohner* in einem solchen Kampf mehr als wesentlich ist. Denn es sind die Bewohner, die sich angesichts der konkreten Bedrohung ihrer Viertel selbst organisieren und versuchen, den Vormarsch einer Logik aufzuhalten, die sie für ihre alltägliche Umgebung als fatal und destruktiv werten. Und es sind die Bewohner, die in einer viel positiveren Bewegung das Leben der Stadt herstellen, sich zusammenschließen, um ihre Viertel zu verbessern, die neue Orte und Räume vorschlagen, erfinden oder sich kurzerhand aneignen, um sie gemeinsam anders zu nutzen. Es gibt unzählige Initiativen wie etwa Gemeinschaftsgärten, die Nutzung von Brachflächen oder vernachlässigten Liegenschaften, Hausbesetzungen oder die Gründung von sozialen Zentren, die es ermöglichen, das urbane Leben durch eine Bewegung von unten zu erneuern, ausgehend von der Sorge um jenes Gemeingut par excellence, das ein mit anderen geteilter Ort darstellt. An allen Ecken und Enden der Stadt, in den Falten des urbanen Gewebes, kümmern sich die Menschen um ihre Quartiere und übernehmen Verantwortung für das, was bei ihnen geschieht, ohne dabei auf Anweisungen von oben oder außen zu warten und gemäß einer Logik, die viel feiner und sanfter ist als die der massiven Eingriffe im Zuge der »Stadterneuerung«.

Doch das Recht auf Stadt ist nicht nur eine Angelegenheit der Bürger und Bewohner. Es muss auch eine konkrete materielle Gestalt annehmen: in Gebäuden und Räumen, entworfen oder umgebaut von Architekt:innen. Welche Rolle spielen die Architektur und ihre Vertreter für unser Anliegen? Das Mindeste, was man dazu sagen kann, ist, dass wir heute Zeugen einer Desertion der Architekt:innen vom Feld des Sozialen sind; zugunsten einer Konzentration auf technische und ästhetische Fragen geben sie die grundlegende ethisch-politische Dimension ihres Metiers kurzerhand auf. Wenn es um Fragen des Rechts auf Stadt, der räumlichen Gerechtigkeit, des Kampfs um Anerkennung geht, herrscht in ihrer Zunft lautes Schweigen. Nur wenige Architekt:innen sind bei solchen Themen wichtige Stimmen, und viel zu wenige stehen wirklich an der Seite der Bewohner, die für eine andere Stadt kämpfen.

Diese Lage ist ein Zeichen oder Symptom für den Status von Architektur in unseren Gesellschaften. Wir haben es hier mit einem gravierenden Versagen zu tun, denn nicht nur verzichtet die Architektur so auf eine ihrer wesentlichen Dimensionen – »es kennzeichnet sie strukturell, dass ihre Existenzweise einen politischen Charakter hat«[1] (was klar zu unterscheiden ist von einer äußerlichen ideologischen Politisierung) –, sondern das Recht auf Stadt muss sich, wenn es keine bloße Leerformel bleiben soll, auch in konkreten und situierten Formen verkörpern, für die vor allem der architektonische Erfindungsgeist zuständig ist. Es geht nicht darum, eine gesamte Berufsgruppe in Misskredit zu bringen oder pauschal zu verdammen. Doch man kommt nicht umhin festzustellen – und für mich ist dies ein ständiges Gefühl, das aus einer praktisch täglichen Beschäftigung mit Architekturdiskursen hervorgeht –, dass die oftmals großartigen Ausnahmen nur die Regel bestätigen. Diese Kritik an Architekt:innen, die es versäumen, ihre Rolle bei der Herstellung des Sozialen auszufüllen, folgt in meinem Fall zudem aus einer ungezügelten Liebe zu ihrer Disziplin und einem klaren Bewusstsein ihrer Unersetzbarkeit; einer allzu oft enttäuschten Liebe jedoch und einem überwiegend unglücklichen Bewusstsein.

Wie sähe dann eine dem Recht auf Stadt verpflichtete Architektur aus? Eine Architektur der Anerkennung? Eine

Architektur der Aneignung von Orten, die uns gehören? Anstelle allgemeiner Prinzipien im Folgenden einige Illustrationen und Beispiele, deren Auswahl sicherlich auch meinen persönlichen Vorlieben folgt, aber doch paradigmatischen Wert für eine Erneuerung der Architektur besitzen könnte, die von ihren ethischen, politischen und gesellschaftlichen Aspekten ausgeht.

SESC Pompéia – ein genossenschaftliches Stadtquartier

Eines dieser Beispiele ist ein Ensemble nach Entwürfen der italienisch-brasilianischen Architektin Lina Bo Bardi (1914–1992). Es wurde für die Genossenschaft SESC (Serviço Social da Comércio, »Sozialer Dienst des Handels«), die in ganz Brasilien aktiv ist, von 1977 bis 1986 im Stadtviertel Palmeiras von São Paulo realisiert. Das SESC Pompéia ist eine Kultur- und Freizeiteinrichtung, die sich an Handelsangestellte und die Bewohner des Viertels richtet, aber auch anderen Besuchern offensteht. Angesiedelt in einer umgebauten alten Fässerfabrik, umfasst sie eine Bibliothek, Ausstellungsräume, ein Theater, Gastronomie, Konzert- und Tanzsäle, Ateliers (zum Beispiel für Keramik), hinzu kommen Sportanlagen (Schwimmbad, Fußballfelder und flexibel nutzbare Flächen) in einem von Bardi entworfenen Neubaukomplex sowie umfangreiche Innen- und Außenräume zur freien Nutzung – zum Flanieren, Ausruhen oder Sonnenbaden, für Diskussionen oder schlicht, um andere Menschen zu treffen.[2]

In einer so uferlosen und hektischen Metropole wie São Paulo, und zumal in einem bescheidenen und übervölkerten Viertel, bietet das SESC Pompéia eine Atempause, eine Insel der Ruhe und Entspannung, indem es dem Vormarsch der Stadt durch eine Art Schutzgebiet innere Grenzen setzt.

Bardis Ensemble ist auf äußerst bemerkenswerte Weise eine Form von Widerstand gegen die heutige Stadtentwicklung, eine Architektur innerhalb der Stadt und gegen sie – eine, die die Berührung mit der Stadt sucht und ihr zugleich etwas entgegensetzt. Auf diese Weise zeigt sie, welche Möglichkeiten einer anderen Stadtentwicklung und des urbanen Zusammenlebens die Architektur erfinden kann: Das Ensemble ist eine Festung, die selbstbewusst der Stadt trotzt. Durch eine makellose Architektur, die sich an einkommensschwache Schichten richtet und allen offen steht, wollte Bardi »etwas Freude in eine traurige Stadt« bringen, wie sie es formulierte, um Lust am Zusammenleben an einem Ort zu wecken, der in vieler Hinsicht gefährliche und feindselige Züge trägt. Eine solche Architektur für die Menschen entsprach dem Berufsethos der bekennenden Kommunistin,[3] die von sich sagte, sie könne »niemals ein Bankgebäude entwerfen« – das seien ihre »architektonischen Hemmungen«, wie sie fröhlich erklärte –, und zeugt von einer Verbindung von Pflichtbewusstsein und wissenschaftlicher Praxis, von Dienst an der Gesellschaft und Poesie.

Doch warum sollte man hier von einer dem Recht auf Stadt verpflichteten Architektur sprechen, von einer Architektur der Anerkennung? Der erste Grund, den man dafür anführen könnte, besteht in der Geschichte des Projekts und den Optionen, für die sich Lina Bo Bardi entschied. Die Pläne eines anderen Architekten, der das Ensemble ursprünglich gestalten sollte, sahen vor, die alten Industriegebäude vollständig abzureißen, um Platz für Neubauten zu schaffen, in denen die Freizeiteinrichtung untergebracht werden sollte. Als Bardi die Zuständigkeit für das Projekt übertragen wurde, lehnte sie dies ab und beschloss stattdessen, die Industrieanlage stehen zu lassen und möglichst viel von der alten Bausubstanz zu bewahren. Das ist umso bemerkenswerter, als sich Brasilien damals vollständig im

Wandelhalle am Fluss des SESC

Griff einer dynamischen Modernisierung befand und der Gedanke, dass Industriebauten ein wertvolles Kulturerbe sein könnten, praktisch nicht existierte. Dieser Entscheidung von Bardi ist nicht nur die gelungene Ästhetik des ersten, umgenutzten Gebäudekomplexes zu verdanken (in dem unter anderem die einzige von François Hennebique (1842–1921) entwickelte Konstruktion aus Stahlbetonträgern auf dem südamerikanischen Kontinent gerettet wurde). Sie war auch eine philosophische und gesellschaftliche Parteinahme: ein Akt der Anerkennung, der den Erfolg des Projekts gefördert hat, weil er den zukünftigen Besuchern die Möglichkeit einer Aneignung bietet.

Die alten Fabrikgebäude mussten zwar umgestaltet werden, um sie ihrem neuen Zweck anzupassen, aber ihr Erhalt hat es ermöglicht, dass das Gedächtnis des Ortes nicht ausgelöscht worden ist, sein Wandel sich in die Kontinuität der eigenen Geschichte einschreibt sowie Arbeit und Leben der Männer und Frauen, die dazu beigetragen haben, ihn zu dem zu machen, was er ist, in ihrem Wert anerkannt werden.

Ein Abriss der Gebäude wäre gleichbedeutend damit gewesen, über die Menschen, die sie viele Jahrzehnte lang bevölkert haben, ein Urteil zu fällen: *Diese Orte sind nichts wert, weil ihr, diese schlichten Leute und einfachen Arbeiter, nicht viel wert seid.* Im Gegensatz dazu stellte Bardi ihr ganzes Talent als Architektin, ihren Sinn für den Raum und das Schöne, in den Dienst einer Wertschätzung des kollektiven Werks der Arbeiter:innen.

Durch die Anerkennung des Werts der betreffenden Orte, dank der Tatsache also, dass die Architektin die Schönheit dieser verachteten Räume erkennen konnte, wird der Wert des Vergangenen anerkannt und bewahrt. Es ist eine objektive Würdigung subjektiver Anstrengun-

Innenansicht des SESC

gen, gewidmet dem Andenken an Menschen, die diesen Ort durch ihre Arbeit, durch freud- und leidvolle Erfahrungen geschaffen haben. Vermittelt durch den Ort vollzieht Bardis Architektur somit einen enormen Akt der Anerkennung: Sie macht deutlich, dass das, was an dieser Stelle einmal war, es durchaus verdient, weiter zu existieren, und bewahrt die Spuren einer Geschichte, die keineswegs dazu verurteilt ist, dem Vergessen anheimzufallen. Eine Dankbarkeit gegenüber dem Existierenden, eine Anerkennung des Lebens, das in diesen Gemäuern spukt, ebenso wie dessen, was hier geschaffen und der heutigen Gemeinschaft vermacht wurde.

Im Gegensatz zu Projekten der Stadterneuerung, die geradezu zwanghaft eine permanente Zerstörung betreiben, vollbringt die Architektur hier einen konstruktiven Akt, der eine Kontinuität wahrt, es den Menschen, die das Areal noch von früher kennen, erlaubt, sich darin wiederzuerkennen, und einem ganzen Stadtteil die Möglichkeit gibt, sich weiterzuentwickeln, ohne die eigene Vergangenheit leugnen zu müssen. Er stiftet eine Verbindung zwischen den Menschen, die diesen Ort aufsuchen, und bietet neuen Gästen ein Zeugnis der fortbestehenden Vergangenheit, die hier als ein Vermächtnis große Wertschätzung erfährt. Bardis Architektur erkennt den Besuchern ein Recht auf Stadt zu – in einer brasilianischen Megametropole, die sich mitten in einem Modernisierungsschub befindet –, sie erkennt das Recht der ins SESC Pompéia strömenden Viertelbewohner an, voll und ganz Teil der Stadt zu sein, die ihnen gehört.

Die bauliche Ästhetik sowie die Lösung technischer und funktioneller Fragen sind durchaus konstitutive Bestandteile der Architektur des Ensembles, doch es lässt sich mit Fug und Recht behaupten, dass sie vollständig im Dienst des gesellschaftlichen Projekts und der Raumphilosophie von Lina Bo Bardi stehen. Nehmen wir zum Beispiel die brutalistische Architektur der Neubauten. Auch wenn sicherlich ästhetische Gründe zu der Entscheidung für eine *archittetura povera* nötigten, die eher roh ist als schön, kommt dieser Ästhetik hier die Rolle zu, eine vorrangige ethische Bedeutung sinnlich zu verkörpern – nicht im Sinne des Satzes, das Schöne sei ein Symbol des Sittlich-Guten, sondern im Sinne einer Bemerkung Wittgensteins: »Ethik und Ästhetik sind Eins.« Bei einem solchen Ort, der auch dem Zweck gewidmet ist, die gewöhnliche Existenz einfacher Menschen zu würdigen und an die von ihnen geleistete Arbeit zu erinnern, hätten eine überbordende Architektur, die Verwendung ausgefallener oder teurer Materialien und jede extravagante Monumentalität das ihm zugrundeliegende Ethos verletzt; es wären in architektonischer wie ethischer Hinsicht unpassende Entscheidungen gewesen. Dagegen ist der Rückgriff auf eine brutalistische Ästhetik hier eine Art und Weise, dem Ort volle Würde zu verleihen und dabei neu zu definieren, was Luxus und Qualität in der Architektur bedeuten – gemäß den Worten von Le Corbusier: »Große Kunst lebt von spärlichen Mitteln.«

Durch ihre räumliche Ordnung bringt die Architektur des SESC Pompéia auch einen Ort hervor, der Dynamiken von Begegnung und Aneignung fördert und so die »gesellschaftlichen Bedürfnisse« befriedigt, von denen Henri Lefebvre spricht. Als eine wahrhafte Eloge auf die Pluralität profaner menschlicher Bedürfnisse bietet er Raum für die ganze Vielfalt des sozialen Alltagslebens, für die überaus angenehme Erfahrung, an einem bewusst dafür konzipierten Ort all das tun zu können, was wir gerne gemeinsam oder einfach umgeben von anderen Menschen tun: lesen, miteinander reden, flanieren oder tanzen, ein Glas trinken, Sport treiben oder ein Mittagsschläfchen halten, sich sonnen oder Leuten zuschauen, die gerade vorbeigehen. Körperliche wie geistige Bedürfnisse, Bedürfnisse nach Nähe, Begegnung und Gemeinschaft: Alle Dimensionen des Menschseins werden hier berücksichtigt.

Indem sie verschiedene Ebenen miteinander verbindet und ihre Räume und Architektur modular gestaltet, macht Lina Bo Bardi den Menschen, an die sich das Projekt richtet, das denkbar größte Geschenk: einen Raum der freien Entfaltung unter einem gemeinsamen Dach, der einen weiten Horizont von Möglichkeiten eröffnet und ihn durch seine architektonische Anlage zu einer konkreten Wirklichkeit macht. Die Vielfalt des Lebens, all der Dinge, die im SESC Pompéia einen Platz finden, macht die Vielfalt und den Reichtum des Ortes aus. Möglich wird dies durch den seriellen, modularen, offenen und abwechslungsreichen Charakter der Architektur von Lina Bo Bardi. Mit einer authentischen Menschenliebe erfindet diese Architektur allerlei Dinge, um alltägliche Begegnungen zu verzaubern und den Aufenthalt zu einem Genuss zu machen: ein kleiner Wasserlauf strukturiert einen Teil der steinernen Landschaft der alten Fabrik; ein Kamin lädt dazu ein, sich um ihn zu versammeln und aufzuwärmen, und macht so aus dem Ort eine Art provisorisches Zuhause; wunderbare Modul-Möbel lassen sich vielfältig kombinieren, je nachdem, ob man sitzen oder liegen, alleine oder mit anderen zusammen sein möchte usw. Ganz unabhängig davon, für welche sozialen Schichten sie gedacht ist – etwas Besseres als in diesem Ensemble von Lina Bo Bardi vermag Architektur gar nicht zu leisten. Dass sie in diesem Fall mit einer solchen Finesse und Aufmerksamkeit für das Detail Menschen dient, die in einer obsoleten gesellschaftlichen Hierarchie wenig zählen, macht sie umso bemerkenswerter.

Das SESC Pompéia ist unbestreitbar ein außergewöhnliches, einzigartiges Projekt, das alle potenziellen Stärken von Architektur zur Geltung bringt. Und es wäre falsch, es als eine verwirklichte Utopie oder einen anderen Raum im Sinne der Heterotopie zu beschreiben. Die Architektur dieses Ensembles hat ein politisches und soziales Gewicht, das zur Wiederbelebung der Stadt enorm viel beiträgt, aber sie

Blick von außen auf die Gebäude des SESC

ist weit entfernt von einer Utopie, deren konkrete Verkörperung oder Beziehung zur Realität problematisch wäre. Es stellt eine gesellschaftliche Alternative dar, die in keiner Weise von einem Außerhalb oder dem Nicht-Ort einer rein ideellen Möglichkeit ausgeht. Im Gegenteil: Ausgehend vom Gegebenen, von der realen Gesellschaftlichkeit und gebauten Umwelt – und *für* sie –, entsteht durch eine Art Wachstum eine Lösung, die in einem konkreten Ort verankert, für einen bestimmten Kontext maßgeschneidert ist und deren Aneignung für je spezifische Zwecke es umso mehr erlaubt, ein allgemeineres, universelles Versprechen in ihr zu erkennen.

Ebenso schwierig wäre es, hier von einer Heterotopie zu sprechen, einem anderen Raum, der zugleich ein Gegenraum ist, auch wenn dies vielleicht zunächst plausibler scheint. Das SESC Pompéia ist zwar in gewissem Sinn ein Gegenraum: Indem es inmitten der Stadt einen neuen öffentlichen Raum schafft, kehrt es die Dynamik der Privatisierung um und versucht so, der Raumproduktion in seiner Umgebung etwas entgegenzusetzen, sie zu konterkarieren und dadurch infrage zu stellen; aber es tut dies nicht in der Art einer Heterotopie. Hier findet keinerlei Unterbrechung des alltäglichen gesellschaftlichen Verhältnisses zum Raum statt, zeigt sich kein Verlangen, an einen anders gearteten Ort auszuweichen, und keine Suche nach einem anderen Leben oder anderen Räumen des Lebens. Die Einrichtung versucht nicht, einen Bruch mit dem alltäglichen Leben zu vollziehen, aus den Menschen etwas zu machen, was sie nicht sind, oder das real Gegebene zu reformieren. Vielmehr stützt sie sich auf das, was bereits vorhanden ist – Menschen, Dinge, Orte, Begegnungen, Aktivitäten –, und gibt ihm so, wie es ist, umfassenden Raum. Dies geschieht durch eine Hinwendung zum Alltäglichen, die dessen ganze Kraft offenbart, durch die Schaffung eines Ortes, der den allergewöhnlichsten Bedürfnissen, Gesten und Wünschen entgegenkommt und ihnen Raum zur freien Entfaltung bietet. Das SESC Pompéia verkörpert auf mustergültige Weise, was ich weiter oben die Produktion eines Raumes, der uns gehört, genannt habe – im wahrsten Sinne des Wortes. Es ist eine Architektur, die man sich aneignen kann, weil sie so entworfen wurde, dass sie für das Leben, das sie in sich aufnimmt, am geeignetsten ist.

Die Spielplätze von Aldo van Eyck

Ausgehend vom Beispiel des SESC Pompéia könnte man eine Definition von Architektur und ihrer Rolle in der Stadt wagen: Die Architektur der Stadt ist das sich gestaltende Leben; das, was dem urbanen Leben dieses Gestalten erlaubt. Eine solche Charakterisierung ließe sich natürlich an sehr vielen Projekten illustrieren, doch ich beschränke mich auf lediglich ein weiteres: die Spielplätze des niederländischen Architekten Aldo van Eyck.[4]

Nach dem Zweiten Weltkrieg befanden sich die niederländischen Städte in einem ausgesprochen maroden Zustand und waren vor dem Hintergrund eines Babybooms mit drastischem Wohnraummangel konfrontiert. Die Stadt Amsterdam verfügte nur über sehr wenige Kinderspielplätze – beziehungsweise waren die meisten Privatgrundstücke, die nur den wohlhabendsten Anwohnern offenstanden. Angesichts dieses Problems beauftragte die Stadtverwaltung Aldo van Eyck mit Entwürfen für über 700 Spielplätze, die nicht viel kosten durften und überwiegend auf Brachflächen angelegt wurden, die nach den Bombenangriffen der Nazis unbebaut geblieben waren. Entstanden zwischen 1947 und 1978, haben nur einige wenige in ihrer ursprünglichen Gestalt überlebt. Van Eyck war lange Zeit ein glühender Verfechter der modernen Architektur und aktives Mitglied der zweiten Generation der »Congrès internationaux d'architecture moderne« (CIAM), ging aber recht schnell auf Abstand zu den Dogmen der vorherrschenden funktionalistischen Architektur, wobei er der emanzipatorischen Geisteshaltung der ersten modernen Meister treu blieb. In vielerlei Hinsicht erscheint er wie ein kritischer Vertreter der Moderne, der umso wirkmächtiger und origineller war, als sein Kampf innerhalb der modernen Bewegung stattfand und die berühmte Architektengruppe Team X hervorbrachte.

Aus diesem Blickwinkel betrachtet sind van Eycks Spielplätze überaus repräsentativ für den Bruch, den die niederländische Architektur mit dem Funktionalismus zu

Kinder auf einem Spielplatz von Aldo van Eyck

vollziehen versuchte, um ihren eigenen Vorstellungen von Relativität und Vorstellungskraft zu folgen. Als Vertreter einer *relationalen* Architektur, die ein guter Nährboden für die Idee des *Zwischenraums* war, ging van Eyck davon aus, dass die Bedeutung architektonischer Elemente durch ihre wechselseitigen Beziehungen bestimmt wird und nicht so sehr durch eine hierarchische Anordnung um zentrale Elemente oder die strikte Trennung von Funktionen. Seine Spielplätze sind daher Beispiele für »nicht-hierarchische Kompositionen«, in denen alle Elemente gleichrangig behandelt werden. Außerdem entwarf der Architekt nicht nur die Plätze, sondern auch die Spielgeräte selbst – und ließ sie von seinen Kindern testen!

Das Ziel bestand darin, die Phantasie von Kindern durch ein minimalistisches und vielseitig nutzbares Mobiliar anzuregen, das ihnen die Möglichkeit bietet, offene und ganz unterschiedliche Szenarien zu spielen – je nachdem, in welches Abenteuer sie sich gerade gestürzt haben. So kann man etwa die halbkugelförmigen Gerüste zum Klettern nutzen, sich unter ihnen aber auch wie in einer Art Hütte zusammensetzen und unterhalten oder sie zu seinem Hochsitz machen, um die anderen Kinder oder auch die Wolken zu beobachten. Die Einfachheit der Form und der Konstruktion des Geräts ist hier eine Voraussetzung für ihre Aneignung, denn so lässt es sich auf vielfältige Weise interpretieren. Anstatt eine bestimmte Nutzung vorzugeben oder den Spielplatz als eine Summe voneinander getrennte Funktionen – wie eine Art Katalog von Spielen – zu entwerfen, denkt van Eyck die Komposition dieser Räume auf eine neue Weise, indem er sich in die Erfahrung des Kindes hineinversetzt und über das Spielen als einen bestimmten Weltbezug reflektiert. Wie Wittgenstein betonte, ist es wichtig zu verstehen, dass die Möglichkeit einer Erfindung oder Änderung von Regeln zum Wesen bestimmter Spiele gehört.

Als Tempel des Spiels und der freien Phantasie machen die Spielplätze die kindliche Erfahrung zum Maß aller Dinge und bringen unter anderem durch architektonische Schlichtheit, die funktionelle Unbestimmtheit der Elemente, eine Vielzahl von Unterräumen, das Nebeneinander von Installationen und Freiflächen sowie das Fehlen eines klaren Mittelpunkts einen *Zwischenraum* hervor, einen physischen Abstand oder geistigen Freiraum, in dem sich die Phantasie der Kinder einnisten kann. Um es mit einem Wortspiel zu sagen: Es muss einen Spielraum geben (im Sinne von Flexibilität und Handlungsfreiheit), damit die Kinder spielen können. Ohne jemals festzulegen, was sie mit den von van Eyck angeordneten Elementen anfangen sollen, lädt das in diesem Geist entworfene Mobiliar dazu ein, aktiv zu werden, erfinderisch zu sein und es sich frei und spielerisch anzueignen.

Van Eycks ganze Kunstfertigkeit wird in wunderbaren Bildern greifbar, an denen man sich kaum sattsehen kann: Sie zeigen, wie das kindliche Leben sich dieser scheinbar so schlichten, ja kärglichen Stahlrohrkonstruktionen bemächtigt. Auch andere Merkmale seiner Spielplätze sind bemerkenswert: die Modularität der Raumkomposition, denn da die Geräte beweglich sind, lassen sich die Spielplätze auf unendlich viele Weisen umgestalten; der ephemere und provisorische Charakter dieser Installationen, die sich größtenteils auf Brachflächen befinden, aber wenn nötig mühelos anderswo wieder aufgestellt werden können; die Öffnung der Spielplätze zum urbanen Gewebe der Umgebung, wenngleich sie dezent abgegrenzt sind und – ohne jeden Sicherheitswahn – gewährleisten, dass von Erwachsenen beaufsichtigten Kindern nichts zustößt. Weit entfernt von den »mit Gittern umzäunten Parkplätzen«, die die Spielplätze in unseren Städten sind – man »parkt« seine Kinder hinter Gittern, um sie von den Gefahren der Straße fernzuhalten, isoliert sie damit aber auch von dem

Ein Spielgerät

Leben, das sich auf ihr abspielt! – sind van Eycks Entwürfe durch und durch in den urbanen Raum eingelassen, bilden einen seiner konstitutiven Bestandteile und haben nur in Beziehung zur Stadt einen Sinn. In einer bruchlosen Kontinuität setzen sie die Stadt fort, die sie ihrerseits durchdringt. Auch hier zeigt sich wieder die Kunst des Zwischenraums, die van Eyck so am Herzen lag: In den Falten des urbanen Gewebes, in seinen mitunter winzigen Lücken (etwa zwischen zwei Gebäuden) entstehen Räume, die Kindern einen Platz im städtischen Leben geben.

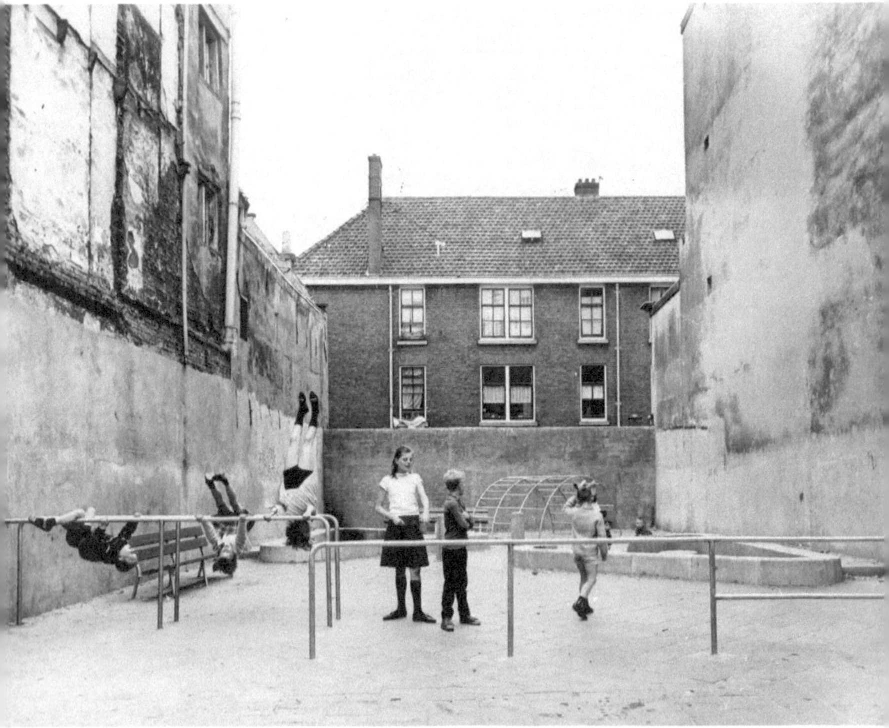

Van Eyck oder Die Kunst des Zwischenraums

Van Eycks Spielplätze sind insofern eine Liebeserklärung an das urbane Leben, an eine gemeinsam genutzte Urbanität und die volle Teilhabe an der Buntscheckigkeit einer Stadt, die alle Erfahrungen in sich aufnimmt, anstatt nur den Imperativen von Wirtschaft und Verkehr zu gehorchen. Es gibt vielfältigste, eben auch spielerische und unproduktive Beziehungen zum urbanen Raum, und sie alle haben in der Choreografie der Körper, die der Stadt Leben einhauchen, ihren Platz. Weit entfernt davon, nur eine funktionale Lösung für ein klar eingegrenztes Problem zu sein (man braucht Platz für die Kinder), bieten van Eycks Entwürfe ein Modell dafür, wie die Stadt ihren tieferen Charakter zurückgewinnen kann, nämlich Menschen als körperliche und phantasiebegabte Wesen in sich aufzunehmen und ihnen Abenteuer zu ermöglichen. An diesen Orten träumt die Stadt davon, selbst ein großer Spielplatz zu sein. Und im Übrigen ist Spielen, wie Kinder bestens wissen, eine ernste Angelegenheit!

Gegen die abstrakte Organisation eines homogenen Raums durch funktionalistische Stadtplaner, die nur in abstrakten Begriffen von Raum und Zeit denken, macht van Eyck wieder den Vorrang einer menschlichen Dimension von Architektur geltend, in deren Mittelpunkt die Ideen des Ortes und der Gelegenheit stehen. Er erinnert uns daran, dass in der menschlichen Perspektive der Architektur der Raum immer ein Ort ist und die Zeit immer eine Gelegenheit. Entscheidend ist hier, zu wissen, wie sich die Menschen die Räume der modernen Großstadt aneignen und in ihnen zuhause fühlen können, indem sie eine authentische Bindung an Orte entwickeln. Insofern ist die Architektur van Eycks eine Verteidigung des Gedankens, dass es ein Recht auf Stadt gibt. Nicht nur sind die Spielplätze für Kinder konzipiert, verstanden als kleinere Menschen – wobei die Unterschiede zwischen jüngeren und älteren, Säuglingen und Jugendlichen mit feinem Gespür berücksichtigt werden –, ohne sich gegen die Welt der Erwachsenen zu wenden; sie geben auch eine sehr direkte und praktische Antwort auf die Frage: Wer hat ein Recht auf Stadt? Auf diese Weise sind sie eine anspruchsvolle sinnliche Mathematik des Miteinanders und organisieren die kollektive Nutzung eines Gemeinguts.

Man könnte von einer Stadt träumen, die es nach dem Vorbild dieser Spielplätze versteht, alle in ihr lebenden Menschen zu berücksichtigen und ihre jeweiligen Besonderheiten miteinander zu versöhnen. Denn im Grunde ist die Stadt ein feines Geflecht aus Tagesabläufen, Rhythmen und Erfahrungen, die manchmal so unvereinbar sind, dass ihr Nebeneinander beinahe wie ein Wunder erscheint, sofern es nicht schlicht zu Konflikten führt. Wie sorgt man dafür, dass verschiedene Arten, sich in der Stadt zu bewegen, etwa das gemächliche Tempo älterer Menschen und die Geschäftigkeit der berufstätigen Schichten, nebeneinander bestehen können, anstatt die Bedürfnisse der ersteren bei städtebaulichen Fragen wissentlich zu übergehen? Wie gestaltet man einen Raum, der für Arbeit wie Spiel gleichermaßen da ist? Oder für Menschen mit Behinderung? Oder für Menschen, die keinen Ort zum Übernachten haben und dennoch, mit demselben Recht wie alle anderen, Einwohner der Stadt sind und den öffentlichen Raum nutzen?

Das sind wesentliche Fragen. Sie stellen sich uns heute mehr denn je, und man kann nur bedauern, dass von den Architekt:innen – anders als von einem van Eyck – nichts dazu zu hören ist oder es sie schlichtweg nicht interessiert.

Für die Architektur

> »Der städtische Raum ist einer der Achtung, der größtmöglichen Achtung, oder sollte es zumindest sein.«
>
> JEAN-CHRISTOPHE BAILLY, *La phrase urbaine*[1]

Öffnungen und Großzügigkeit

Als ich kürzlich in Brasilien war, erzählte mir eine Freundin eine wunderbare Anekdote. Eine kleine, im Grunde belanglose Anekdote, die sie ohne unser Gespräch vermutlich wieder vergessen hätte. Trotzdem würde ich den Eindruck, den diese Begebenheit bei mir hinterlassen hat, geradezu unauslöschlich nennen, und sie begleitet mich seitdem wie ein Talisman. Für mich ist sie eine Chiffre für die lächerlichen und doch unendlichen Wirkungsmöglichkeiten von Architektur. Denn die Architektur vermag nichts, oder zumindest nicht viel, aber dieses *nichts* kann zugleich *alles* verändern.

Es ging um einen Bau des großen brasilianischen Architekten João Batista Vilanova Artigas, das gegenüber dem Park Vilaboim in São Paulo gelegene Edifício Louveira. Abgesehen von seinen bemerkenswerten architektonischen Qualitäten wie dem meisterhaft und mit offenkundiger Freude gestalteten Farbenspiel und den gewundenen Wegen, die die Stadtlandschaft nachzeichnen, besteht die für viele Anwohner faszinierende Besonderheit des Ensembles darin, dass es schlicht und ergreifend nicht *fechado* ist: Kein Zaun und kein Gitter umgibt es, kein massives Sicherheitssystem zieht eine Grenze zwischen Innen und Außen, öffentlichem und privatem Raum, der Architektur und der Stadt, dem geschützten Ort und den ihn umgebenden

Eine großzügige Architektur: das Edifício Louveira

Gefahren. In einer derart von Sicherheit besessenen Stadt, deren Raum als ein Raum der Angst angelegt ist und an jeder Straßenecke die Gewalt eines von drastischer Ungleichheit geprägten Gesellschaftssystems offenbart, wirkt die Offenheit von Artigas' Bau eigenartig, ja außergewöhnlich. Aus welchem merkwürdigen Grund wird dieses durchaus luxuriöse Ensemble nicht geschützt? Warum setzt es sich scheinbar naiv wie der leichtsinnigste Tourist den zahllosen Gefahren aus, die in der Stadt lauern? Und was noch viel rätselhafter ist: Wie kommt es, dass dem Bau und seinen Bewohnern trotz dieser Öffnung zur Straße und dem Park hin noch nie etwas zugestoßen ist?

Diese Fragen stellte meine Freundin Ana einem Taxifahrer, als sie durch das Viertel fuhren. Seine Antwort ist in ihrer unerschütterlichen Schlichtheit geradezu umwerfend: »Weil dieser Bau, dessen Schönheit wir alle lieben, großzügig zu uns ist. Im Gegenzug sind wir es ihm schuldig, ihn zu respektieren.« Darin besteht die einzigartige Magie von etwas, das letztlich nur ein Haufen Beton, Glas, Stahl und Keramikfliesen ist ... Als freundliche Präsenz, die über das Viertel wacht und eine durchaus »segensreiche« Rolle spielt, schafft das Edifício Louveira ein räumliches Modell für Offenheit und Vertrauen, das die Bewohner von São Paulo als eine Botschaft der Zuneigung und Großzügigkeit auffassen.

Diese Architektur, die uns gut tut und die genau das beabsichtigt, wäre daher als etwas zu bewahren, das uns gehört. Sie zeigt eindrücklich, dass gute Architektur eine ist, die sich an ein »Wir« richtet und nicht gegen irgendwelche »Anderen«. In direktem Gegensatz zur defensiven Architektur, die *gegen* den angeblich katastrophalen Zustand der Stadt oder die niederen Instinkte gefährlicher Bevölkerungsgruppen antritt, hat Artigas seinen Bau *für* die Stadt und ihre Bewohner entworfen. Nicht nur für die, die in ihm wohnen sollten, sondern für alle, die ein paar Minuten oder Stunden im benachbarten Park verbringen, durch seine Passagen gehen oder, wie in meinem Fall, eine Stunde dafür aufbringen, der Anmut und Eleganz dieser schönen modernistischen Dame die Ehre zu erweisen. Entgegen dem Anschein handelt es sich hier nicht um eine erhabene Geste, um die Rhetorik eines Kunstwerks, das als isoliertes Objekt Artigas' Signatur trägt, so wie auf einer Tasche das Label »Louis Vuitton« prangt, sondern um eine Gabe, ein Geschenk – nicht nur aufgrund der beschwingten architektonischen Formen, sondern vor allem, weil die Wege, Freiflächen und offenen Durchgänge den Raum des Stadtviertels bereichern.

Aber der Bau in Vilaboim stellt leider nur eine Ausnahme dar. Er ist eine überaus angenehme, aber kurze Atempause, ein erfreuliches Intermezzo, das zu schnell ein Ende findet. Immerhin existiert dieses Ensemble aber wirklich, irgendwo dort in Brasilien. Und ich hoffe, dass sich in jeder Stadt solche Ausnahmen verbergen, die unser Vertrauen in die Kraft dessen, was wir zu konstruieren imstande sind, wieder stärken können. Denn die Architektur ist heute eine Disziplin in der Krise: unter den gegenwärtigen Umständen zugleich absolut notwendig und nahezu unmöglich zu realisieren. Was wir neu erfinden oder mit Nachdruck wiederherstellen müssen, ist nicht weniger als ihr Sinn. Anders als im Fall des Edifício Louveira besteht heute nämlich eine »angespannte, oftmals undurchsichtige und mitunter gewissermaßen unfreundliche Beziehung zwischen Architektur und Stadt. (...) Die Stadt breitet sich nach der Logik einer unbeherrschten Zusammenballung aus, während die Architekten sich daran erfreuen, unterschiedslose, als reine Implantate entworfene Objekte zu beherrschen.«[2]

Gegen alle Angriffe, denen sich die Architektur heute ausgesetzt sieht, muss man ihre Unverzichtbarkeit für eine Produktion qualitativ hochwertiger Räume betonen. Damit eine solche Verteidigung aber Sinn hat und das Verhältnis zwischen Architektur und Stadt wieder den Charakter eines freundlichen Dialogs annimmt, »muss zuallererst die Architektur sich öffnen«.[3]

Architektonische Widerstände

Wie wir im vorherigen Kapitel anhand einiger ausgewählter Beispiele gesehen haben, kann die Kunst der Architektur, sofern sie sich den Bewohnern und dem urbanen Leben zuwendet – also »jenen Passanten, die sie nicht nur wahrnehmen, sondern selbst mit Leben erfüllen, (...) sie ausmachen«[4] –, durchaus in den Dienst einer anderen Stadtentwicklung gestellt werden, die auf Anerkennung, Aneignung und dem Recht auf Stadt beruht. Um dazu beizutragen, dass dieses Recht auf Stadt kein bloßer theoretischer Horizont bleibt, dessen Verwirklichung von den entsprechenden Gegenkräften verhindert wird, sollten Architekt:innen mit ihren Entwürfen immer zum Ziel haben, die räumlichen Voraussetzungen für eine freie Entfaltung des urbanen Lebens herzustellen. Mit Jean-Christophe Bailly könnte man hier von der »stadtpolitischen Aufgabe« der Architektur oder sogar einer Berufung sprechen:

> »Verbindungen schaffen und zusammenführen, aber auf eine disparate Weise: Darin besteht das Wesen dessen, was man die *stadtpolitische* Aufgabe der Architektur nennen sollte – eine eigenständige Aufgabe, die allen anderen von der Architektur erfüllten übergeordnet ist und so eine Art vielschichtige Klammer bildet.«[5]

Das setzt voraus, dass Architekt:innen sich dafür engagieren, ihrem Arbeitsfeld einen ausdrücklich offensiven, kämpferischen Charakter zu verleihen, und die Sorge um das Soziale ins Zentrum rücken. Natürlich wird die Architektur nicht wie von Zauberhand aus eigener Kraft eine Stadt der Anerkennung hervorbringen, aber auch wenn sie sich insofern als eine nicht hinreichende Bedingung dafür erweist, einer in erster Linie gesellschaftlichen und politischen Frage gerecht zu werden, ist sie doch eine absolut notwendige Bedingung dafür. Bewusst wird uns dies sowohl durch den Mangel an einer entsprechenden Architektur als auch durch die gegenteiligen Fälle, die uns vor Augen führen, welche Möglichkeiten eine dem Recht auf Stadt verpflichtete Architektur eröffnet: eine Architektur, die versucht, »im fertigen Zustand das Mögliche, in der realisierten Gestalt das Gestaltbare zu wahren«, wie Jean-Christophe Bailly abermals hervorragend formuliert.[6]

Die Architekt:innen sind selbstverständlich nicht die Einzigen, die die hier von mir befürwortete Bewegung eines urbanen Widerstands initiieren könnten, aber ohne sie oder gegen sie wird es auch nicht funktionieren. Privaten Projektentwickler:innen und Investor:innen überlassen, sieht sich der städtische Raum an tausend Orten, die das Allgemeinwohl betreffen, einer Logik der rein kommerziellen Verwertung ausgeliefert. Unter den gegenwärtigen Bedingungen sind die Architekt:innen umso mehr der Fähigkeit zur »Herstellung von Raum«, also eines wesentlichen Teils ihrer Handlungsfähigkeit beraubt, als ihr Wirkungsradius verkleinert wird und sie in Konkurrenz zu anderen Akteuren gesetzt werden, die es auf grausame Weise an jeder authentischen Kultur der Raumgestaltung fehlen lassen und kein Interesse an der Schaffung wirklich sozialer Räume zeigen. Viel zu oft wird der Architekt heute auf die Rolle eines schlichten Bürgen für die Ästhetik reduziert oder zu einem Komplizen gemacht, der für ein reines Gewissen sorgen soll. Ab einer gewissen Zahl von Quadratmetern kommt man um ihn nicht herum – aber wer weiß schon, wie lange das noch so sein wird?

Auf der anderen Seite folgt die Architektur ihrerseits

einem für sie typischen Abwehr- oder Rückzugsmechanismus, denn offenbar ist sie nicht dazu bereit, ihr Selbstverständnis zu ändern und andere Kriterien gelten zu lassen als die rein internen der eigenen Disziplin. Ein ästhetisierender Diskurs und die Sprache der technisch-räumlichen Funktionalität sind in ihr heute erneut vorherrschend. Die Autonomie, die die Architektur als Disziplin gewonnen hat, ist sicherlich die Frucht einer langen, komplexen Geschichte, aber wie sehr dies heute mit einem Verlust von Weltbezug oder einer Loslösung von der gesellschaftlichen Wirklichkeit zusammenfällt, ist zutiefst beunruhigend. Eine solche Autonomie stellt nichts anderes dar als die Maske einer tiefen Entfremdung.

Es liegt mir fern, zu den utopischen Bestrebungen der ersten Moderne zurückkehren zu wollen, aber ebenso wenig kann ich den Gedanken akzeptieren, dass Architektur nichts mehr mit einer Veränderung des Lebens zu tun haben soll und sich in aller Unschuld damit begnügen könnte, bloß ein gepflegtes Spiel mit Formen oder eine rein technische Gestaltung von Räumen zu sein. Richtet sie sich in der Beschäftigung mit Objekten und Bauvorhaben ein, die in Zeitschriften und Architekturwettbewerben einen heftigen Krieg der Bilder miteinander führen – ein bloßes »autistisches Rauschen des architektonischen Objekts«[7] –, oder betrachtet sie sich als ein Genre von technischem Fachwissen, gegründet auf ein objektives, sich jeder normativen Parteinahme im ideologisch-politischen Spiel enthaltendes Wissen, dann droht die Architektur alles einzubüßen, was ihren einzigartigen Charakter und ihre Stärke bei der Gestaltung des Zusammenlebens ausmacht. Der Diskurs der »Reinheit«, sei es die Reinheit des ästhetischen Spiels oder die eines technischen Problems, ist das effektivste Mittel, um die ideologische Gefügigkeit der Architektur sicherzustellen und ihre undurchdringliche, widerständige Kraft zu neutralisieren.

Wir erleben heute, wie die Architekt:innen, sei es aus Resignation oder anderen Gründen, das Feld des Sozialen räumen. Man kommt nicht umhin festzustellen, dass die gesellschaftliche Dimension der Architektur seit dem Hegemonieverlust der modernen Bewegung – was immer dieser zu Recht oder Unrecht alles vorgeworfen wird – nicht mehr dieselbe Rolle spielt; in der postmodernen Architektur erschöpft sie sich manchmal in populären oder populistischen Elementen, die bei der Produktion von Formen zum Einsatz kommen.

Die gesellschaftliche Dimension, in der der Kern von Architektur, ihr Ursprung wie Ziel besteht, fehlt heute im architektonischen Diskurs entweder schlicht oder ist meistens nur eine Art überflüssige Zutat, die man in homöopathischen Dosen über ihn streut, um bestimmte Projekte zu legitimieren – mit abstrakten und kaum erläuterten Kategorien wie »Bedürfnisse der Nutzer«, »Respekt« oder »Offenheit für verschiedene Nutzungsarten« usw. Wobei diese Nutzer wohlgemerkt nicht die realen Menschen sind, um die man leider nicht herumkommt, sondern angeblich durch ein paar Bürgerversammlungen repräsentiert werden, die geschickt einen Anschein von »Partizipation« erwecken – obwohl dort bekanntlich niemand erscheint außer den immer gleichen Spielverderbern und ein paar Leuten, die nichts Besseres zu tun haben. Das genügt in der Regel, um das Unbehagen zu zerstreuen und ein mehr oder weniger schuldbewusstes Über-Ich zu besänftigen, auf dass ohne nennenswerte Hindernisse wieder der gute alte Refrain *Business as usual* erschallen kann.

Wie oft habe ich es erlebt, dass sich Anwohner bei der Vorstellung eines Projekts über bestimmte Veränderungen in ihrem Viertel beunruhigt zeigen und dann mit Antworten abgespeist werden, die rein technischer Natur sind oder eine ästhetische Ausgewogenheit beschwören – beides bewährte Methoden, um den heißen Brei herumzureden. Eine solche »Expertise« ist nicht bereit, sich in ein gesellschaftliches Wissen zu verwandeln beziehungsweise das in der Gesellschaft bereits vorhandene Wissen in sich aufzunehmen. Zwischen den Personen, die in unseren Städten mit der Gestaltung von Räumen betraut sind, und denen, die diese Räume dann später nicht so sehr »nutzen«, als sich eher schlecht als recht an sie anpassen müssen, besteht eine abgrundtiefe Kluft. Die Konfrontation zwischen ihnen hat nichts mit einem Dialog gemein, also mit einem Abenteuer, in dessen Zuge sich die Beteiligten in und durch ihre Begegnung und ihren Austausch gegenseitig verändern. Stattdessen wird ein bestimmtes Projekt dogmatisch präsentiert und in seinen eigenen Begriffen gerechtfertigt – eine Denkweise, die hermetisch in sich abgeschlossen ist. Darin besteht das Unvermögen, gemeinsam Räume zu gestalten, die weiterhin uns gehören sollten.

Auch wenn es in vieler Hinsicht grotesk wirken mag, scheint es aus diesem Grund nötig, das ethische, gesellschaftliche und politische Wesen von Architektur wieder zu betonen und einige Fragen erneut aufzuwerfen, die einen stark philosophischen Charakter haben: Was ist Architektur? Was ist gute Architektur? Was ist eine Architektur, die »funktioniert«? Ich erhebe keinerlei Anspruch, auf diese sehr umfangreichen und umstrittenen Fragen definitive Antworten zu geben, möchte aber zumindest einige Argumente für ein bestimmtes Verständnis von Architektur entwickeln.

Was Stadtarchitektur leisten kann

Wir sollten allerdings nicht naiv sein. Die pathologische Herstellung des heutigen urbanen Raums darf uns nicht blind dafür machen, dass die Architektur nicht allein verantwortlich ist für soziale und wirtschaftliche Ungleichheiten; man sollte die Bedeutung der räumlichen Aspekte von Ungleichheit und Gewalt auf keinen Fall übertreiben. Die Stadt (ihre materielle und räumliche Organisation, ihr Spiel mit Formen, ihre Schönheit oder Hässlichkeit, ihr funktionaler oder dysfunktionaler Charakter usw.) ist für sich genommen nicht die Hauptursache oder einzige Erklärung für solche Phänomene. Anders als einige moderne Architekt:innen und Stadtplaner:innen noch meinen konnten, kann daher auch die Lösung derartiger Probleme nicht in erster Linie räumlicher Natur sein. Henri Lefebvre, für den »die Urbanisierung und die Problematik des Urbanen zu den ausgelösten Folgen und nicht zu den auslösenden Ursachen oder Gründen zählen«[8], spricht vom Urbanismus daher auch als einer Ideologie des Raumes. »Ideologie« bedeutet hier ein Denken, das davon ausgeht, die Lösung sozialer und wirtschaftlicher Probleme verlange vor allem Antworten auf der Ebene der Raumorganisation: *Es gibt Probleme in einem Viertel der Banlieue? Na schön: Abreißen, neu bauen, das städtische Umfeld verändern! Da machen wir einfach Stadterneuerung, Revitalisierung!* Darin besteht die ganze Illusion einer bis heute virulenten Form von stumpfsinnigem räumlichen Determinismus.

Denn in Wirklichkeit trifft das Gegenteil zu: Die Veränderung von Räumen und Formen der Stadt ist an sich niemals ein geeignetes Mittel zur Überwindung von Ungleichheiten und Ungerechtigkeiten. Das urbane Denken, das dem städtischen Raum eine Gestalt zu geben versucht, ist in diesem Sinne kein Ersatz für einen politischen Kampf, der auf wirtschaftliche Gleichheit und eine andere Reichtumsverteilung, auf soziale Gerechtigkeit und die Anerkennung von Rechten zielt. Doch wenngleich die Frage der Aneignung der Stadt durch ihre Bewohner, wie der Gedanke des Rechts auf Stadt sie ins Spiel bringt – also als Zugang zu den städtischen Ressourcen und Selbstermächtigung der Bewohner, mit Blick auf die Stadtentwicklung, aber auch hinsichtlich der ästhetischen und imaginären Dimensionen des urbanen Lebens –, offenbar nicht hinreichend ist für die Lösung von Problemen, die in der Stadt zunächst einmal ihren Ort haben, so ist sie doch notwendig und von grundlegender Bedeutung.

Wenn wir die Rolle des urbanen Denkens, was Entfremdung und die Möglichkeiten von menschlicher Befreiung betrifft, nicht zu hoch veranschlagen, hat dies noch einen anderen Grund, den Michel Foucault auf eine sehr scharfsinnige und heilsame Weise erhellt hat. Gegen allerhand Gemeinplätze über die Formen der modernen Architektur und gegen die traditionellen Klagen und Übungen in Nostalgie, die der Stadtentwicklung ein »Früher war alles besser« entgegenstellen, gilt es festzuhalten, dass keine architektonische oder urbane Form an und für sich die Quelle von Glück oder Unglück darstellt – nicht einmal, so leid es mir tut, das Hochhaus! Wie Foucault in einem Interview mit Paul Rabinow von 1982 befand: Man kann nicht sagen, »eine Sache gehöre *per se* in die Kategorie der ›Befreiung‹ oder in die der ›Unterdrückung‹«.[9] Und er fuhr fort:

> »Aber nochmals, ich glaube nicht, dass die Struktur von Dingen Freiheit zu garantieren vermag. Nur Freiheit garantiert Freiheit. (...) Nein, das ist unmöglich. Wenn man einen Ort fände – und vielleicht gibt es ihn ja wirklich –, an dem tatsächlich Freiheit ausgeübt wird, dann nicht aufgrund der Eigenschaften von Objekten, sondern dank der Praxis der Freiheit. Das heißt nicht, dass man die Menschen letztlich auch in Elendsquartieren hausen lassen könnte, weil man meint, sie bräuchten doch nur ihr Recht auszuüben. (...) Ich glaube, die Architektur kann etwas Positives bewirken und tut dies auch, wenn ihre auf Befreiung zielenden Absichten mit der realen Praxis von Menschen zusammenfallen, die ihre Freiheit ausüben.«[10]

Und ähnlich wie viele nostalgische Formen des urbanistischen »Denkens« sehr häufig diese Illusion einer unausweichlichen Macht der verdinglichten Form an sich kennzeichnet (sei es als Quelle von Glück oder Unglück), prägt sie auch ein Diskurs, der das Verschwinden der schönen Harmonie der alten Stadt sowie die Nichtigkeit der urbanen Gegenwart beklagt. Dagegen bestand die große Stärke des Denkens eines Henri Lefebvre gerade darin, nicht in das Register der Nostalgie für einen Urbanismus abzudriften, den es nie wirklich gegeben hat. Wie Harvey betont: »Lefebvres wesentliche Schlussfolgerung lautete, dass die Stadt, die wir früher kannten und uns vorgestellt haben, im Begriff stand, rapide und unwiederbringlich zu verschwinden – und dass dies nicht bedauernswert sei.«[11] Genau darauf legt auch Foucault den Akzent, wenn er den falschen Blickwinkel eines Denkens kritisiert, das zurück in die Vergangenheit will: »Es gibt keine Rückkehr.«[12]

Eine Architektur der Achtung

Wenn auch begrenzt, ist die Wirkungsmacht der Formen urbaner Architektur doch real – sowohl durch das, was sie erlauben, als auch in dem, was sie verbieten oder unmöglich machen. Architektonische Effekte haben eine unbestreitbare und absolut wesentliche Kraft. Doch diese Kraft macht sich auf eine sehr eigentümliche Weise geltend: als Ursache, die zugleich eine Folge, als Widerschein, der zugleich Handlungsfähigkeit ist. Die Architektur vollzieht sich eher durch Induktion als durch einen einseitigen Determinismus. Und unter anderem dies verleiht ihr eine einzigartige Stellung unter den Künsten. Indem sie in den Leib des Sozialen eingelassen ist, erscheint sie als die politischste Form von Kunst.

Wie Jean-Christophe Bailly in einem Text mit der Überschrift »Für eine reintegrierte Architektur« bemerkt: »Architektur ist im Grunde das, was in einem von Menschen bevölkerten Raum die Formen der Verbindung, die sie sich gegeben haben, verkörpert und sichtbar macht.«[13]

Eine Beziehung zur Macht hat Architektur »aufgrund des Aufwands, der sie kennzeichnet – man muss schlicht in der Lage sein, zu bauen, etwas zu errichten«.[14] Über lange historische Zeiträume betrachtet erscheint die Beziehung zwischen Architektur und Politik wie ein Versuch, zwischen zwei Hauptpolen zu oszillieren: dem Monumentalen und dem Volkstümlichen; der »hohen« Architektur, die mit dem Aufkommen von Arbeitsteilung, Stammesführern und später des Staates verbunden ist, und bescheideneren Bauten für die breite Bevölkerung; dem »hymnischen Gedicht der Gründung« und der »Prosa des Habitats«.[15] Das Feld zwischen diesen beiden Polen, so Bailly, »hat die Architektur im Grunde nie verlassen«. Anders gesagt, sie schwankt grundsätzlich zwischen demokratischem Teilen und hierarchischer Spaltung. Auf frappierende Weise kristallisiert, oder genauer gesagt: verdoppelt Bailly diesen Gegensatz mit dem Kontrast zwischen der Straße, die mit dem Theater und der Agora »die ersten Formen des demokratischen Raums« verkörpert, und dem monumental-spektakulären architektonischen Objekt, dessen Sein und Sichtbarkeit den Manifestationen der Macht dient. Es ist überaus interessant, dass dieser eher der Architektur als der urbanen Frage im engeren Sinn gewidmete Text zu dem Schluss kommt, es seien vor allem Freiflächen wie die Agora oder Bauten mit viel Freiraum wie etwa das Theater, die dem demokratischen Raum eine Gestalt geben.[16]

Wie Foucault erklärt hat, ist es ein abwegiger Gedanke, dass man architektonische Formen oder Arten der Raumorganisation an sich in demokratische und antidemokratische unterteilen könnte. Das gilt besonders für Formen, die die Ausübung von Freiheit ermöglichen – leichter bestimmen lassen sich solche, von denen Einschränkungen und Zwang ausgehen. A priori zu erklären, die Mauer oder die Tür stünden für Trennung, während das Fenster und die Brücke gleichbedeutend seien mit Offenheit, wäre durchaus fragwürdig. Wie mehrfach bemerkt, gilt jedoch: »Auch wenn keine Form als solche demokratische Effekte verbürgen kann, bleibt es eine gültige und gedanklich immer wieder anregende Idee, dass demokratische Formen von Architektur Kraft entfalten können und die Architektur insofern nicht nur gestaltet ist, sondern auch gestaltend.«[17] Ohne sich zu sehr auf formelle Fragen im ästhetischen Sinne des Wortes zu konzentrieren, könnte man in gewisser Weise versucht sein zu sagen, dass die Form der demokratischen Architektur immer eine zukünftige ist oder unablässig neu erfunden werden muss. In jedem Fall kann sie nicht anders existieren als in Verbindung mit der Prosa des urbanen Lebens: als eine Architektur der Stadt, in der Stadt und für die Stadt.

Ausgehend von einer Neuinterpretation der Geschichte der Architektur als ein Schwanken zwischen dem monumentalen und dem gesellschaftlichen Pol gelangt Jean-Christophe Bailly zur Frage der gegenwärtigen Situation. Während er mit der Architektur, vorsichtig gesprochen, nicht gerade milde verfährt, sieht er doch ein Verdienst der Moderne in der Fortführung des Gedankens, dass Architektur »imstande ist, das Zusammenleben zu verbessern«, und meint, »dass eine bestimmte architektonische Praxis, für die die Frage des Wohnens zentral wurde, stark von einem politischen Anliegen untermauert war«.[18] Tatsächlich ist das Projekt der architektonischen Moderne durch und durch ethischer und politischer Natur, zumal es keinerlei Streben nach einer Form von ästhetischer Autonomie und keinen Willen zur technischen Rationalisierung der natürlichen und gesellschaftlichen Welt erkennen lässt. Das erklärt, warum es in dieser Bewegung zweifellos etwas gibt, das »noch in den Bereich der Utopie fällt«. Ausgesprochen kritisch bemerkt Bailly, dass unsere Epoche nicht nur außerstande war, die Lehren aus der Moderne und ihren Fehlschlägen zu ziehen (Beispiele dafür wären etwa ihr Misstrauen gegenüber der Straße und ihre funktionale Aufteilung der Stadt), sondern dass die heutige Stadtentwicklung in gewisser Weise auf jeden »Willen zur Architektur« verzichtet hat, von den emanzipatorischen Versprechen der architektonischen Kunst ganz zu schweigen. Eines der Dramen der heutigen Architektur besteht in der Trennung zwischen der Welt »einer Architektur als Spektakel« und der gewöhnlichen Praxis der Disziplin. Wie in vielen anderen Bereichen haben die Eliten, die »Stararchitekten«, sich von der gesellschaftlichen Dimension der alltäglichen Architektur abgelöst. Man könnte das für bedauerlich halten, aber wir sagen eher: Sei's drum. Oder umso besser! Denn es gilt einerseits, und diese Formulierung ist ausgesprochen schön, »die Architektur aus der Einsamkeit selbsternannter Objekte, also aus dem Modus der Proklamation zu befreien«,[19] und andererseits, fern von jedem Glamour, »sich in den Dienst einer wieder politisch verstandenen Architektur zu stellen, die sich die Frage nach ihrer wirklichen Rolle in der Entwicklung von Stadt und Land stellt (...), einer Architektur, die wieder imstande ist, über die sachkundige Verwaltung des Gegebenen hinauszugehen und den Menschen einen Raum für ihr Zusammenleben zu geben«.[20]

Ein sehr ambitioniertes Programm, wird man dazu sicherlich sagen, zumal der politische und gesellschaftliche Kontext die architektonische Praxis zu einem höchst prekären, eingeschränkten und schwierigen Metier macht. Aber es ist ein schönes Programm, und die Initiativen von Bewohnern sind dringend auf die Zusammenarbeit mit Architekt:innen angewiesen. Das Recht auf Stadt drückt ein tiefes Bedürfnis der Architektur aus und verweist so auf ein unverfälschtes Recht auf Architektur.

Architektur ist nicht in erster Linie eine Kunst

Abschließend möchte ich kurz mein persönliches Verständnis von Architektur skizzieren, wie es sich aus der Gesamtheit der in diesem Buch unternommenen Reflexionen ergibt. Die beste Definition von Architektur, die ich kenne, verdanke ich einem befreundeten Architekten, der seine Überlegungen in einem Gespräch so zusammenfasste: »Architektur sollte so sein wie ein altes Paar Jeans.« Angesichts dessen, was auf dem Spiel steht, mag das etwas prosaisch klingen, doch mir scheint, dass diese wenigen Worte eine Auffassung der Disziplin enthalten, die nähere Betrachtung verdient.

Wie soll man den Vergleich verstehen? Das gute alte Paar Jeans ist eines, das man schon zu lange hat, von dem man sich aber nicht recht trennen mag und das man daher trotz allem weiter trägt, schließlich fühlt man sich in ihm ausgesprochen wohl. Das Bild unterstreicht den durch und durch antispektakulären Charakter guter Architektur – und damit meine ich nicht nur die Architektur von Architekt:innen, sondern auch eine Vielzahl von bescheidenen amateurhaften Konstruktionen. Was in keiner Weise bedeutet, auf Schönheit zu verzichten!

So wie eine zweite Haut uns sicherlich zunächst etwas steif und eng vorkommen mag, durch die Berührung mit uns und unsere Bewegungen aber allmählich schmiegsam wird und sich schließlich der Form unseres Körpers und unserem Lebensrhythmus anpasst, ist die Architektur ein wesentliches Mittel, um Projekte, Bedürfnisse und Sehnsüchte zu entfesseln, den eigenen Beschäftigungen nachzugehen und zu tun, was man zu tun hat. Man taucht in sie ein und entfaltet sich in ihr, so wie man in ein bequemes und praktisches Kleidungsstück schlüpft, das in gewisser Weise zugleich präsent und nicht präsent ist, uns nämlich schützt und bedeckt, ohne dass wir es noch wirklich merken, und uns umso mehr eine Entfaltung in der Welt unserer Tätigkeiten erlaubt, als man es schnell zugunsten dessen vergisst, was es möglich macht.

Dagegen haben zu viele architektonische Räume aufgrund mangelnder Funktionalität, einer grellen oder rhetorischen Ästhetik oder des expliziten Willens zu Kontrolle oder Verachtung den Effekt, dass wir uns behindert, eingezwängt, befangen in unseren Bewegungen, am falschen Ort oder schlicht lächerlich fühlen. Diese Bauten kann man nicht beleben, so wie man manche Kleidungsstücke nicht tragen kann. Zumindest wäre es kein angenehmes Gefühl, sie zu tragen, weil sie uns in unserem alltäglichen Tun nicht tragen, unerträglich sind.

Deshalb muss die Architektur »das Theater des Lebens«[21] sein, »ein primäres Element (...), indem es sich dem Leben einverleibt«,[22] wie Aldo Rossi in *Wissenschaftliche Selbstbiografie* schreibt, und nicht ein Theater, in dem sie ihr eigenes Leben inszeniert. Und mit einer meisterhaften Formulierung fügt der italienische Architekt hinzu: »Um groß zu sein, muss sich die Architektur vergessen«.[23] Wie auch der Schweizer Architekt Peter Zumthor betont, gilt es, ein Bauwerk zu schaffen, das sich vor allem an einen anderen Menschen richtet und deshalb möglichst unpersönlich bleiben muss, um sich dem Charakter seiner Tätigkeiten, seinem Lebensrhythmus und der Beschaffenheit seines Körpers anzuschmiegen.

Zumthor schreibt, er hoffe, dass er »ein Bauwerk zurücklasse, das sich selber ist, das dem Wohnen dient als Teil der Welt der Dinge, das ohne meine persönliche Rhetorik auskommt«.[24] Darin besteht die ganze vertrackte Dialektik des architektonischen Kunstgriffs, nämlich in der »Schwierigkeit, den in einem künstlichen Akt zu schaffenden Dingen ihre Künstlichkeit zu nehmen und sie der Welt der alltäglichen und naturhaften Dinge anzuverwandeln«.[25]

So einzigartig die von Zumthor geschaffenen Objekte auch sind, zielen sie darauf, »jene reiche Atmosphäre wieder entstehen zu lassen, die gesättigt zu sein scheint von der selbstverständlichen Präsenz der Dinge«.[26] Diesen versucht er »eine Präsenz zu verleihen, wie sie den Dingen in der Natur (...) eigen ist«[27] – auch Rossi spricht von »einer wieder Natur gewordenen Architektur«.[28] Hier müssen wir uns die Besonderheit der Architektur vor Augen führen, die sie von anderen Kunstformen unterscheidet: »Architektur ist gemacht für uns zum Gebrauchen. Es ist keine freie Kunst. Ich finde, es ist auch die vornehmste Aufgabe der Architektur, daß sie eine Gebrauchskunst ist.«[29]

Das sollte uns auch dazu anregen, Architektur ausgehend von ihren Gebrauchsweisen zu denken. Denn im Gegensatz zu anderen Kunstformen ist sie eben eine wesentlich für den Gebrauch bestimmte, funktionale Kunst. Entgegen dem, was die Anhänger:innen eines rein ästhetischen Verständnisses von Architektur vertreten, lässt sich die architektonische Form nicht von ihren Funktionen und den Bedürfnissen trennen, die sie befriedigen soll. Wer ein Urteil über ein architektonisches Werk trifft, ohne zu berücksichtigen, wie es seine Funktion erfüllt, *der trifft kein Urteil über ein Werk der Architektur.* Da die Form hier nur eine höchst relative, begrenzte Autonomie besitzt, lässt sich über den Wert eines Bauwerks unabhängig von Fragen des Gebrauchs etwas Stichhaltiges nicht sagen; die Verbindung von Form und Funktion, von ästhetischen Eigenschaften und Brauchbarkeit, ist keine akzidentelle. Architektur ist nicht einfach eine Mischung aus Kunst und praktischem Können, sondern eine schwer zu beschreibende Synthese aus beidem. Aufgrund ihrer Verankerung im Gebrauch lässt sie sich nicht als eine visuelle Kunst definieren. Das Urteil über den Wert eines architektonischen Werks kann nicht rein ästhetischer oder visueller Art sein, sondern muss das Ineinandergreifen von Sinneseindruck und Funktion, Ästhetik und Technik, Emotionalem und Kognitivem, Kunstvollem und Profanem im Blick haben. »Architektur ist die Kunst, einen Stützpfeiler zum Singen zu bringen«, meinte Auguste Perret.

Architektur ist keine Kunst, die in erster Linie darauf angelegt wäre, dass man sie teilnahmslos betrachtet oder aus respektvollem Abstand als eine ästhetische Träumerei würdigt, sondern zielt auf ihren Gebrauch, auf Praxis, auf ein menschliches Tun und Handeln, das räumliche Beziehungen auf jeweils eigene Weise erfährt. In diesem Sinne ist sie immer eine »Einladung zum Handeln«, und genau diese Möglichkeit des Handelns unterscheidet sie von anderen Künsten. Die Erfahrung von Architektur weckt daher unweigerlich eine körperliche Reaktion. Ihre Elemente bilden nicht einfach eine Abfolge von Informationen auf der Netzhaut ab, sondern rufen körperliche Begegnungen und Reaktionen hervor. Der architektonische Raum ist kein immaterielles Objekt, das aus materiellen Oberflächen besteht, sondern ein konkretes Ensemble aus gesellschaftlichem Verkehr und Beziehungen, in das man eintritt.

Während sich niemand mit Gemälden oder Musik befassen muss, wenn er daran kein Interesse hat, ist Architektur als eine gesellschaftliche Praxis etwas, das beinahe zwangsläufig *alle* sehen. Als die politische Kunst schlechthin betrifft sie daher nicht nur ein hochgradig spezialisiertes Publikum, sondern alle Menschen, die einem sozialen Gemeinwesen angehören. Architektonische Kunst besteht nicht darin, dass Einzelne in kreativer Zurückgezogenheit versuchen, ihren subjektiven Vorlieben in einem materiellen Werk objektive Gestalt zu geben, sondern ist ein unpersönliches, kollektives Werk und als solches stark geprägt von seiner Beziehung zur Vergangenheit, Geschichte und Tradition; es muss sich in ein vorhandenes Gewebe einfügen.

Die kennzeichnende Nähe zu anderen Gebieten (Stadtplanung, Gartenbaukunst, dekorative Künste, Design usw.)

Szene aus dem Städtischen Waisenhaus in Amsterdam von Aldo van Eyck: »Die Kunst, einen Stützpfeiler zum Singen zu bringen«

verbindet die Architektur zudem mit einer Ästhetik des Alltagslebens und des Lokalen. Auch hier muss ein Urteil über sie die Tatsache berücksichtigen, dass das architektonische Werk nicht in einer Art erhabener Isolation existiert, in der es sich nur an ein paar einsame Ästheten und Kenner der Kunsttheorie richten würde. In ihrer – zu oft vernachlässigten – Dimension der lokalen Realität muss Architektur ausgehend von den Kategorien begriffen werden, die für das allgemeine ästhetische Verständnis gewöhnlicher Menschen relevant sind. Das Hauptmerkmal einer solchen Ästhetik des Gewöhnlichen besteht in einem gewissen Sinn für »Anstand« oder für das, »was sich gehört«, im Alltag darin ausgedrückt, wie man den Tisch deckt, Tische und Stühle anordnet, sich kleidet oder Textilien zusammenlegt.

Vielleicht müsste man sogar noch weiter gehen und sagen – was mir persönlich von Tag zu Tag treffender scheint –, dass Architektur keine Kunst ist. Oder dass sie nicht in erster Linie eine Kunst ist und im Grunde nicht versuchen sollte, eine zu sein, wenn sie ganz sie selbst sein möchte. Das bedeutet nicht, dass man Architektur auf eine Form von Technik reduzieren könnte oder Fragen von Ästhetik und Form keine Bedeutung besäßen. Im Gegenteil, Architektur ist eine der Formen des gewöhnlichen Lebens, eine der formellen Bedingungen unseres Alltags; sie macht das profane Leben möglich.

Architektur ist die Ästhetik des Alltäglichen, aber nicht im Sinne einer überflüssigen Verzierung durch eine künstlerisch-formelle Dimension, die sich über die unausweichlichen praktischen Erfordernisse des Lebens schiebt, sondern als die *aisthesis* des gesellschaftlichen Lebens selbst. Etwas, das umso schöner, weil zugleich nützlich ist, und umso nützlicher, weil zugleich schön. Wenn Architektur die Ästhetik des Gewöhnlichen ist, dann weil sie eine wesentliche Form der sinnlichen Organisation menschlicher Gemeinschaften darstellt, sich in die sinnliche Dimension der Institution von Sinn einschreibt, die Aufteilung des Sinnlichen prägt, eine tragende Säule bei der Herstellung eines gesellschaftlichen Lebens ist, das auf einem gemeinsam geteilten Raum und gemeinsamem Handeln beruht. Gute Architektur, eine, die »funktioniert«, ist vielleicht vor allem das: die Möglichkeit, dass ein gesellschaftliches Leben sich herausbilden und gelingen kann, dass eine Verbindung entsteht zwischen Individuum und Gemeinschaft; die

Organisation des Zusammenlebens vielfältigster Menschen mit ganz unterschiedlichen Bedürfnissen.

Dieses ganz gewöhnliche Wunder vollbringt Architektur meistens so, dass es den davon profitierenden Menschen gar nicht bewusst ist. »Wir geben unseren Gebäuden eine Form, und danach formen sie uns«, sagte Winston Churchill. Und so formen wir mit jedem Gebäude immer auch uns selbst.

SCHLUSS

Die Rauchschwaden von Notre-Dame

Wie sehr die Konstruktion eines *Wir* von der Konstruktion der bewohnten Welt bestimmt ist, wurde uns unlängst auf überaus dramatische Weise vor Augen geführt, als ein Brand Teile der Pariser Kathedrale Notre-Dame verschlang. Was in diesem tragischen Schauspiel, dieser Verwüstung eines *Wo* deutlich wird, ist der Platz von Architektur in unserem Leben, deren Allgegenwart uns gar nicht bewusst ist; wir vernachlässigen sie meistens, da sie nicht unmittelbar spürbar ist. Die vom Brand der Kathedrale hervorgerufenen Emotionen, die vor dem Bauwerk zusammengeströmten Menschenmengen, die tränenreichen Szenen der Fassungslosigkeit zeugen von etwas, das weit hinausgeht über die symbolische Bedeutung und den außerordentlichen Wert von Notre-Dame als historisches Kulturerbe (von der politischen Instrumentalisierung des Ereignisses und den dann einsetzenden Polemiken ganz zu schweigen; ich würde dafür plädieren, die ersten Reaktionen nicht zynisch zu deuten). Sie zeugen davon, dass bestimmte Orte buchstäblich einen Teil von uns bilden und das *Wo* insofern grundlegend ist für das *Wir*. Wie erörtert, sind wir nicht immer dieselben, unabhängig von dem Ort, an dem wir uns befinden; die Gestalt des *Wir*, ja die Möglichkeit, ein solches *Wir* überhaupt zu bilden, hängt wesentlich von den Orten ab, die wir bewohnen. Deshalb lassen sich die Orte unseres Lebens nicht auf gleichförmige Räume reduzieren, die uns als körperliche Wesen oder bestimmte Funktionen beherbergen, oder auf Produkte, die es in der internationalen Marktkonkurrenz der Städte zu verwerten gilt.

Was den Anblick von Parisern und Touristen, von gewöhnlichen Bürgern, die sich versammelt haben, um der beschädigten Kathedrale Beistand zu leisten, so frappant und bewegend macht, ist die von einer scheinbar leblosen Masse aus Stein, Holz und Glas ausgehende Lebenskraft. Es geht um all das, was dieses Monument ermöglicht und verkörpert – um Bilder, Träume, Mythen, Erinnerungen, vermeintlich belanglose Gesten, heraufbeschworen von einem Ort, der seit undenklichen Zeiten zum Leib der Stadt Paris gehört und für die Zukunft des Kulturerbes steht. Pflichtprogramm für Tagestouristen, ewiges geistiges Symbol für andere, schlicht ein freundliches und vertrautes Gesicht für diejenigen, die tagtäglich an Notre-Dame vorbeikommen: Ohne irgendwelche Reibereien zwischen den verschiedenen von diesem Ereignis getroffenen Gruppen (Einwohner / Touristen; Pariser / Auswärtige; Franzosen / Ausländer; Gläubige / Atheisten) hat uns die Schönheit dieses Bauwerks für einen kurzen Augenblick zusammengeführt und erneut ein *Wir* entdecken lassen – genau zu dem Zeitpunkt, an dem wir vereinzelter sind denn je und uns manchmal verzweifelt fragen, wo und wie wir wieder ein Zusammenleben herstellen könnten.

Jeder hat irgendwann einmal auf seine eigene Weise das Wunder des unbeschreiblichen Raums dieser Architektur spüren dürfen, von deren Schätzen wir nun einige verloren haben. Besonders bewegt haben mich die Äußerungen einiger Anwohner, die der Tragik des Ereignisses nur ihre körperliche Präsenz und ein paar schlichte Worte entgegensetzen konnten: »Ich bin unendlich traurig, denn ich komme hier jeden Tag vorbei.« Dieses »denn ich komme hier jeden Tag vorbei« sagt meines Erachtens unendlich viel mehr, ist sehr viel bedeutender als alle Spitzfindigkeiten über die symbolische Dimension des Bauwerks. Scheinbar nichtssagend, sagen diese einfachen und aufrichtigen Worte in Wirklichkeit aus, was an Architektur *für uns* das Entscheidende ist. Als etwas, das an sich eher unbedeutend ist, ohne das es jedoch nichts gäbe, ist Architektur eine grundlegende Tatsache der *conditio humana*, was das Bewohnen der Welt betrifft.

Vielleicht kann die Bedrohung der außerordentlichen Architektur von Notre-Dame ein Antrieb für uns sein, uns stärker um die Räume und Orte zu kümmern, an denen sich unser Leben abspielt: um die monumentalen wie auch um die unendlich bescheidenen Orte – denken wir an die Rue d'Aubagne in Marseille –, die uns hervor- und manchmal auch durcheinanderbringen. Vielleicht gewinnen wir so einen neuen Blick auf Architektur und kümmern uns durch die Sorge um diese Orte, die uns gehören, auch mehr um uns selbst.

EPILOG

Samstagmorgen um halb elf auf dem Marktplatz in Neudorf, einem Stadtteil von Straßburg. Das städtische Ballett, von dem Jane Jacobs mit Blick auf ihr New Yorker Viertel sprach, hat sich hier seit einigen Stunden in wesentlich bescheidenerer Größenordnung in Bewegung gesetzt: Eine kleine Schar von Studierenden, die von ihrer »abendlichen« Freizeitgestaltung auf dem Nachhauseweg sind, trifft auf Händler, die ihre Stände für den samstäglichen Wochenmarkt aufbauen. Der übliche Aufzug, eine recht dichte Menschenmenge, vereint in sich die ganze Vielfalt dieses Stadtteils. Ruhig, aber doch von vielen Geschäften belebt, ist das unter Straßburgern beliebte Viertel trotz einer typischen Entwicklung – explodierende Mieten, starker Zuzug von »bourgeoisen Bohemiens«, kurz »Bobos« – ein Relikt urbanen Lebens mitten in der Stadt.

Auf dem Marktplatz tummeln sich alle Generationen. Nachbarn und Freunde treffen sich. Tagesrhythmen überkreuzen sich, manchmal prallen sie auch aufeinander. Nach dem lebhaften Treiben des Marktes leert sich der Platz, um anderen gewöhnlichen Aktivitäten Raum zu lassen: Kinder fahren Fahrrad, machen Ballspiele – denen die Mauern der Mediathek hervorragende Zielscheiben bieten –, malen in der Sonne oder spielen Fangen; Erwachsene kommen beim Einkaufen vorbei, machen ein Päuschen, plaudern mit Bekannten, die sie zufällig getroffen haben, spielen mit den Kindern; einige offenkundig ärmere Menschen lassen sich für längere Zeit irgendwo nieder; die Älteren treffen sich, um sich zu unterhalten oder schlicht die frische Luft und die Sonne zu genießen; Hunde führen ihr Hundeleben, während ihre Besitzer sich fachkundig über sie austauschen …

In seiner völligen Bescheidenheit hat dieser Platz für mich immer eine Art von urbanem Glück, eine nahezu vollkommene Urbanität verkörpert. Zumindest funktioniert er: Er ermöglicht ein wunderbares, beinahe reibungsloses Mit- und Nebeneinander von verschiedenen Altersgruppen und Gesellschaftsschichten, Tagesrhythmen, Beschäftigungen und Zeitvertreiben, Erfordernissen und Vergnügungen, Pfaden und Stationen. All das kann dank der Architektur des Ortes koexistieren, dank etwas, das ich nicht exakt bestimmen könnte, das aber zulässt, den Platz auf vielfältigste Weise zu nutzen.

Der Marktplatz von Neudorf ist lebendig, weil er dem gewöhnlichen Leben der Anwohner und anderer Besucher Platz gibt. Was ihn ausmacht, ist das, was sich auf ihm abspielt und seine Orte in Schwingung versetzt, was in ein bloßes Dasein Lebendigkeit bringt und Urbanität erzeugen kann, weil es über den Raum verfügt. Dieser Platz funktioniert, und wer Architektur daran misst, was durch sie möglich wird, muss seine Architektur als überaus gelungen bezeichnen. Doch dieses kleine Wunder vollzieht sich in gewisser Weise in völliger Gleichgültigkeit gegenüber Fragen von Schönheit im ästhetisch-formellen Sinne und ohne dass die Lebendigkeit des Platzes Ergebnis einer bewussten Gestaltung wäre.

Der Marktplatz von Neudorf ist nicht schön, nicht einmal gut gestaltet. Doch er wird schön, wenn er sich belebt, wenn das profane Leben ihn erobert. Das ästhetische Empfinden seiner Schönheit bemisst sich an seiner Nützlichkeit, oder besser: an seiner Nutzung. Wenn dieser Platz aber eben dadurch funktioniert, dass die Stadtbewohner ihn sich durch ihre diversen Aktivitäten aneignen, dann ist dies nur deshalb möglich, weil er sich für eine solche Aneignung selbst anbietet. Er erweckt den Eindruck, dass er ein vertrauter Ort sein will, dass er jeden Morgen ungeduldig darauf wartet, überquert, bevölkert, von menschlichen Schritten geweckt zu werden; dass er das Glück eines lebendigen Ortes darstellen will.

Ein denkbar gewöhnlicher Ort also, ohne besonderen architektonischen Anspruch, fast unpersönlich und ohne Charme. Manche würden sagen, dass er hässlich ist: in der Mitte eine große Leere, fast nur aus Stein bestehend, eingefasst auf der einen Seite von einer wenig ansprechenden Mediathek, die sich im Obergeschoss der Markthalle befindet, und auf der anderen von einem sowjetisch anmutenden Ensemble aus den 1970er Jahren. Das alles in ständiger Berührung mit dem umgebenden Autoverkehr, Wohnhäusern und Geschäften sowie etlichen Straßen, die aus verschiedenen Vierteln in den Platz einmünden. Einige wenig einladende Sitzgelegenheiten, nicht mehr ganz taufrische Rasenflächen, ein paar Bäume, eine Fahrradstation, eine eigenartige Stahlkonstruktion vor dem Kinderspielplatz, Steine und Wasserfontänen, die ein ebenfalls etwas in die Jahre gekommenes und merkwürdiges Gebilde ergeben.

Ein Platz, wie es ihn zweifellos in jeder Stadt, hoffentlich sogar in jedem Viertel gibt. Ein praktisches Zeichen dafür, dass ein bestimmtes Ideal des Rechts auf Stadt bereits vorhanden ist: gleich am Ende der Straße, auf dem Marktplatz. Ein Funke von Urbanität, den man durch unbedachte Entscheidungen, schlechte Absichten oder architektonische »Gesten« leicht auslöschen kann. Aber auch ein Modell, das man zu bewahren und auszuweiten versuchen kann. Ein Ort, in dessen Namen man weiterhin von einer anderen Art, die Stadt zu leben, träumen kann.

Angesichts der Feindseligkeit der heutigen Städte, der Verachtung, die ihre Bewohner immer häufiger trifft, und gegen die vorherrschenden Imperative der Kommerzialisierung und des Konsums von Raum, der Reduzierung urbanen Lebens auf ein Markenimage, kann man nur hoffen, dass es mehr Marktplätze wie diesen in Neudorf gibt. Besser noch: Kämpfen wir dafür, dass es mehr solcher schlichten Marktplätze gibt, die ganz gewöhnlich, ja banal, etwas windschief und ein wenig hässlich sind, aber unseren alltäglichen Bedürfnissen besser gerecht werden.

Solche Plätze stehen gegen »das Unbewohnbare«, das unsere Städte leider Tag für Tag mehr überwuchert, wie bereits Georges Perec festhielt:

> »Das Unbewohnbare: der Schuttabladeplatz Meer, die mit Stacheldrahtverhauen überzogenen Küsten, die gepellte Erde, die Massengräbererde, die Leichenhaufen, die verschlammten Flüsse, die übelriechenden Städte
>
> Das Unbewohnbare: die Architektur der Verachtung und des Scheins, die mittelmäßige Gloriole der Wohntürme und der Buildings, die Tausenden von übereinandergetürmten Käfigen, der klägliche Bluff der Firmensitze
>
> Das Unbewohnbare: das Kümmerliche, das Unerträgliche, das Kleine, das Engstirnige, das Beschränkte, das knapp Kalkulierte
>
> Das Unbewohnbare: das Eingepferchte, das Verbotene, das in den Käfig Gesperrte, das Verriegelte, die mit Glasscherben gespickte Mauer, die Gucklöcher in den Türen, die Abschirmvorrichtungen
>
> Das Unbewohnbare: die Barackenstädte, die Stadtbaracken
>
> Das Feindliche, das Graue, das Anonyme, das Häßliche, die Metrogänge, die Brausebäder, die Schuppen, die

Parkhäuser, die Briefverteilanlagen, die Schalter, die Hotelzimmer

Die Fabriken, die Kasernen, die Gefängnisse, die Anstalten, die Altersheime, die Gymnasien, die Schwurgerichte, die Schulhöfe

Der knausrige Raum des Privateigentums, die ausgebauten Speicher, die herrlichen Junggesellenbuden, die schmucken Studios in ihrem Nest aus Grün, die eleganten Absteigen, die dreifachen Empfänge, die riesigen Wohnräume unter freiem Himmel mit unverbaubarer Aussicht, Doppelbelichtung, Balken, Charakter, luxuriös von Innenarchitekten eingerichtet, Balkon, Telefon, Sonne, freie Plätze, ein richtiger Kamin, Loggia, Spüle mit zwei Becken (Inox), Ruhe, kleiner Garten zur alleinigen Benutzung, einmalige Gelegenheit

Man wird gebeten, nach zehn Uhr abends seinen Namen zu sagen«.[1]

DANKSAGUNG

Mein Dank gilt zunächst den Menschen, die diese Reflexionen über die Stadt in meinem Alltag gefördert und mir durch Austausch und Diskussionen dabei geholfen haben, meinen geistigen Horizont zu diesem Thema zu erweitern: Franck Fischbach, dem ich das vorliegende Buch widme, weil er mir immer ein Freund ist und ich durch ihn die Perspektive der Sozialphilosophie entdeckt habe, die er im französischsprachigen Raum und darüber hinaus selbst so stark verkörpert. Dass ich in unserem Master-Studiengang gemeinsam mit ihm ein Seminar über die Stadt abhalten konnte, empfinde ich als großes Glück. Meinen Kollegen Jacob Rogozinski, Arnaud Tomès und Christian Ferrié verdanke ich kostbare Momente am Donnerstagmorgen in einem gemeinsam veranstalteten Seminar über die Frage der Emanzipation. Ihre Beiträge sind stark in dieses Buch eingeflossen, was ich sehr zu schätzen weiß. Ebenso die vielen Menschen, die ich als Referent:innen und Teilnehmer:innen des Projekts *Prendre place* der Universität Straßburg kennengelernt habe, sei es bei Streifzügen durch die Stadt, Konferenzen oder Radiosendungen. Diese Erfahrung hat das vorliegende Werk sehr gefördert und meinen Zugang zur urbanen Kultur bereichert: Ich habe mich durch die Stadt, in der ich lebe, anders bewegt und meinen Blick auf sie geschärft. Ganz besonders denke ich hier an Sophie Suma, meine Koorganisatorin, und den Leiter des Straßburger Stadtplanungsamts Éric Chenderowsky. Mein Dank gilt außerdem der Belegschaft der Maison européenne de l'architecture (Europäisches Architekturhaus Oberrhein) für ihre Unterstützung und ihr freundliches Entgegenkommen. Auch Xavier Bonnaud und allen Mitgliedern des Forschungsnetzwerks GERPHAU (Groupe d'Études et de Recherches Philosophie, Architecture, Urbain) bin ich zu Dank verpflichtet.

Danken möchte ich außerdem meinen Freundinnen und Freunden Guillaume Greff, Émilie Vialet, Simon Leyendecker, Géraldine Moscherosch, Benoît Streicher, Camille Oberlé, Thomas Walter, Angèle Maillard, Caroline Ziajka, Lionel Debs, Frédéric Spinhirny und Nathalie Moine für ihre Unterstützung, Präsenz und viele Diskussionen, die mein Leben in Straßburg seit etlichen Jahren zu einem Genuss machen.

Pierre Colnet danke ich dafür, dass ich durch ihn Brasilien entdeckt habe – ein Land, das mir seitdem ans Herz gewachsen ist –, und für seine Gastfreundschaft und unvergessliche Momente.

Mein Dank gilt außerdem Renaud Paquette, ohne den dieses Buch wahrscheinlich nie entstanden wäre. Dass wir uns nach den wundervollen Augenblicken in unserem gemeinsamen Studium wieder begegnet sind, freut mich immens. Und schließlich gilt meine ganze Liebe natürlich vor allem Laurence, Irène und André.

ANMERKUNGEN

Einleitung

1 Henri Lefebvre, *Du rural à l'urbain*, Anthropos, Paris 2001, S. 227.
2 Robert E. Park, »The City as a Social Laboratory«, in: ders., *On Social Control and Collective Behavior. Selected Papers*, University of Chicago Press, Chicago/London 1967, S. 3–18, hier S. 3.
3 John Dewey, *Die Öffentlichkeit und ihre Probleme* [Orig. 1927], übers. v. Wolf-Dietrich Junghanns, Philo, Berlin/Wien 2001, S. 178.
4 Rem Koolhaas, *Études sur (ce qui s'appelait autrefois) la ville*, Payot, Paris 2017, S. 228 (Hervorhebung d. Autors).

Ausgrenzung

1 Siehe dazu Damien Dubuc, »Jeunes, clochards, drogués: la ville ne veut pas de vous«, *Usbek & Rica*, 22. November 2016.
2 Interview auf der Website Unpleasant Design: https://unpleasant.pravi.me/interview-with-factory-furniture-design-team.
3 Das gilt auch gerade deshalb, weil solche Maßnahmen eben *unpleasant* sein sollen: Man sieht lieber weg oder bemerkt sie gar nicht, weil sie ästhetisch nicht anziehend sind. Wie eine im oben zitierten Artikel befragte Person meinte: »Es stößt einen nicht sofort ab, wenn man sieht, wie eine Seite des Bürgersteigs mit Steinen bedeckt ist. Es sei denn, man ist obdachlos …«
4 Goran Savičić/Selena Savić (Hg.), *Unpleasant Design*, G.L.O.R.I.A., Auckland 2013.

5 Systematisch dokumentiert wird der Einsatz von obdachlosenfeindlichem Mobiliar von der Fondation Abbé Pierre, die dafür den Hashtag #soyonshumains (»Seien wir menschlich«) kreiert hat und einen »Preis« verleiht, den »Pic d'Or« (»Goldener Stachel«). Beide Initiativen haben das Verdienst, obdachlosenfeindliches Mobiliar ins Zentrum der Aufmerksamkeit gerückt zu haben.

6 Zu Begriff und Geschichte der Sozialphilosophie: Franck Fischbach, *Manifest für eine Sozialphilosophie*, übers. v. Lilian Peter, transcript, Bielefeld 2016.

7 Siehe insbesondere Axel Honneth, *Anerkennung. Eine europäische Ideengeschichte*, Suhrkamp, Berlin 2018; Franck Fischbach, *Fichte et Hegel. La Reconnaissance*, PUF, Paris 1999; Emmanuel Renault, *L'expérience de l'injustice. Essai sur la théorie de la reconnaissance*, La Découverte, Paris 2017.

8 Axel Honneth, *Kampf um Anerkennung. Zur moralischen Grammatik sozialer Konflikte*, Suhrkamp, Frankfurt a. M. 1992, S. 214.

9 Ebd., S. 198.

10 Axel Honneth, »Pathologien des Sozialen. Tradition und Aktualität der Sozialphilosophie«, in: ders., *Das Andere der Gerechtigkeit*, Suhrkamp, Frankfurt a. M. 2000, S. 11–69.

11 Axel Honneth, »Die Kritische Theorie der Frankfurter Schule und die Anerkennungstheorie. Gespräch mit Olivier Voirol«, in: Mauro Basaure/Jan Philipp Reemtsma/Rasmus Willig (Hg.), *Erneuerung der Kritik. Axel Honneth im Gespräch*, Campus, Frankfurt a. M. 2009, S. 122.

12 Axel Honneth, »Moralbewusstsein und soziale Klassenherrschaft. Einige Schwierigkeiten in der Analyse normativer Handlungspotentiale«, in: ders., *Das Andere der Gerechtigkeit*, S. 110–132, hier S. 127.

13 Honneth, »Die Kritische Theorie der Frankfurter Schule und die Anerkennungstheorie«, S. 130.

14 Axel Honneth, »Anerkennung als Ideologie«, in: ders., *Das Ich im Wir. Studien zur Anerkennungstheorie*, Suhrkamp, Berlin 2010, S. 103–130, hier S. 110.

15 Axel Honneth, »Unsichtbarkeit. Zur Epistemologie von Anerkennung«, in: ders., *Unsichtbarkeit. Stationen einer*

Theorie der Intersubjektivität, Suhrkamp, Frankfurt a. M. 2003, S. 10–27, hier S. 25.

16 Axel Honneth, *Verdinglichung. Eine anerkennungstheoretische Studie*, Suhrkamp, Frankfurt a. M. 2005, S. 19.

17 Ebd., S. 21, 23, 24.

Enteignung

1 Ein Beispiel dafür ereignete sich im Juli 2017 in Barcelona, als eine Gruppe von Aktivist:innen einen Touristenbus angehalten hat, um ihm die Reifen zu zerstechen und ihn mit einem Graffito zu versehen.

2 Als Überblick empfehle ich den ausgezeichneten Dokumentarfilm »›Tourist go home‹ – Europas Sehnsuchtsorte in Gefahr« von Antje Christ (ARTE 2017), der sich mit Venedig, Barcelona und Dubrovnik befasst.

3 Man denke an die bekannte Parole: »Tourists go home! Refugees welcome!«

4 Jane Jacobs, *The Death and Life of Great American Cities*, Vintage Books, New York 1961, S. 133. (Anm. d. Übers.: Da das Buch auf Deutsch nur in einer gekürzten Fassung vorliegt, wird hier einheitlich nach dem amerikanischen Original zitiert.)

5 Ebd., S. 137f.

6 In dem oben erwähnten Dokumentarfilm rühmt sich der Bürgermeister von Dubrovnik auch, seine Stadt habe nicht nur zahllosen Hollywood-Großproduktionen als Kulisse gedient, sondern als eine von wenigen Städten auch das besondere Privileg gehabt, als Motiv für eine Coca-Cola-Flasche dienen zu dürfen – was für ein brillanter Maßstab für urbane Qualität!

7 Jean-Christophe Bailly, *La phrase urbaine,* Seuil, Paris 2013, S. 213.

8 Aldo Rossi, *Die Architektur der Stadt. Skizze zu einer grundlegenden Theorie des Urbanen,* Technische Universität München, München 1998, S. 15.

9 Ebd., S. 117.

10 Dewey, *Öffentlichkeit,* S. 125.

11 Ebd., S. 129.

12 Ebd.
13 Ebd., S. 177.
14 Ebd.
15 Ebd.

Privatisierung

1 Sehr empfehlenswert zu diesem Thema ist der exzellente Dokumentarfilm *Mainmise sur les villes* (2015) von Claire Laborey und Marc Évreux.
2 Der Dokumentarfilm *Mainmise sur les villes* zeigt dies sehr gut für den Hamburger Stadtteil St. Pauli mit der berühmten Reeperbahn.
3 Zu diesem Thema sei auf die detaillierten und explosiven Arbeiten von Mike Davis hingewiesen.
4 Jacobs, *Death and Life of Great American Cities*, S. 48.

Recht auf Stadt

1 Henri Lefebvre, *Le droit à la ville*, Anthropos, Paris 1968, S. 202. (Anm. d. Übers.: Diese Passage stammt aus dem Folgeband *Espace et politique*, der in der angeführten Ausgabe enthalten ist; deshalb wird hier nicht nach der deutschen Übersetzung *Das Recht auf Stadt* zitiert.)
2 Henri Lefebvre, *Das Recht auf Stadt*, übers. v. Birgit Althaler, Edition Nautilus, Hamburg 2016, S. 117.
3 Lefebvre, *Du rural à l'urbain*, S. 195.
4 Ebd., S. 162f.
5 Ebd., S. 221f.
6 Ebd., S. 222.
7 Ebd., S. 173.
8 Ebd., S. 198.
9 Ebd., S. 121.
10 Ebd., S. 140.
11 David Harvey, *Le capitalisme contre le droit à la ville*, Editions Amsterdam, Paris 2011, S. 36.
12 David Harvey, *Spaces of Hope*, University of California Press, Berkeley/Los Angeles 2000, S. 156.
13 Ebd., S. 161.
14 Ebd., S. 171.

Räume, die uns gehören

1 Siehe insbesondere die ausgesprochen schönen Texte von Marielle Macé, *Nos cabanes*, Verdier, Paris 2019, und von Gilles A. Tiberghien, *De la nécessité des cabanes*, Bayard, Paris 2019.

2 Michel Foucault, *Die Heterotopien. Der utopische Körper. Zwei Radiovorträge*, übers. v. Michael Bischoff, Suhrkamp, Berlin 2013.

3 Kurz gesagt: Ich schätze diesen Text ungemein, bin nach wiederholter Lektüre aber zu dem Schluss gekommen, dass er eine Reihe von Schwierigkeiten aufweist, die den Begriff der Heterotopie wesentlich problematischer machen als auf den ersten Blick erkennbar. Befremdlich finde ich vor allem, wie unkritisch der Text verwendet wird. Meine Zweifel betreffen folgende Aspekte: Mit dem Begriff lassen sich derart breit gefächerte Beispiele beschreiben, dass nicht mehr klar ist, was eigentlich *nicht* als eine Heterotopie zu bezeichnen wäre und worin umgekehrt eine *Homotopie* oder ein Raum, der nicht andersartig ist, bestehen würde; die Verbindung zwischen den zwei Kennzeichen der Heterotopie als ein *anderer* (oder sogar *vollkommen* anderer) Raum einerseits und *Gegen*raum andererseits wird nicht ausreichend klar oder explizit dargelegt: Inwiefern ist die Einzigartigkeit oder Differenz eines Raums gleichbedeutend mit einer radikalen Andersartigkeit? Inwiefern stellt diese vermeintliche Andersartigkeit eine Herausforderung der »normalen« Ordnung der gesellschaftlichen Realität dar? Auf eine bizarre Weise scheint der Text von einer axiologischen Neutralität imprägniert: Heterotopien werden beschrieben, aber nicht mit Blick auf die Frage ausgewertet, ob sie einen besseren Raum darstellen usw.

4 Foucault, *Die Heterotopien,* S. 11: »Ich träume von einer Wissenschaft (...), deren Gegenstand diese verschiedenen Räume wären, diese anderen Orte, diese mythischen oder realen Negationen des Raums, in dem wir leben. Diese Wissenschaft erforschte nicht die Utopien, denn wir sollten diese Bezeichnung nur Dingen vorbehalten, die tatsächlich keinen Ort haben, sondern die Heterotopien, die vollkommen anderen Räume.«

5 Ebd., S. 9.
6 Ebd., S. 11.
7 Jacques Rancière, *In welchen Zeiten leben wir? Ein Gespräch mit Éric Hazan*, übers. v. Richard Steurer-Boulard, Passagen Verlag, Wien 2020, S. 60, 65 (meine Hervorhebung).
8 Über die Bewegungen der besetzten Plätze ist viel geschrieben worden, und die Literatur dazu ist sehr engagiert. Zahlreiche linke Intellektuelle, darunter viele der bekanntesten Namen, haben die Platzbesetzungen analysiert und sie meistens auf mehr oder weniger differenzierte Weise als gescheitert beurteilt. Ein Mitbegründer der Occupy-Bewegung, Micah White, ist sogar durch allerhand Fernsehsendungen getingelt, um zu erklären, die Bewegung sei »ein konstruktiver Fehler« gewesen. Auch David Graeber, ebenfalls selbst an ihr beteiligt, hat ohne zu zögern von Scheitern gesprochen.
9 Die verschiedenen Protestorte sind zudem sehr fragmentiert und nur schwer miteinander zu verbinden. Das gilt nicht nur für das Verhältnis zwischen den diversen Arten von Bewegungen, sondern mehr noch vielleicht *innerhalb* jeder einzelnen: für die Verbindung zwischen Straße und Platz bei der Bewegung der Besetzungen, zwischen Verkehrskreiseln und Demonstrationen auf den Champs-Élysées im Rahmen der Proteste der Gelbwesten, zwischen ZADs und Städten.
10 Joëlle Zask, *Quand la place devient publique*, Le Bord de l'Eau, Lormont 2018.
11 So plädiert sie etwa für »die Perspektive einer Person, die nutzen will, was in einer Straße existiert, anstatt sie teilnahmslos zu betrachten«. Jacobs, *The Death and Life of Great American Cities*, S. 379
12 Ebd., S. 13.
13 Ebd., S. 95f.: »Städte sind durch und durch materielle Orte. Wenn wir verstehen wollen, wie sie funktionieren, erhalten wir aufschlussreiche Informationen durch die Beobachtung greifbarer, physischer Vorgänge, und nicht indem wir in metaphysische Spekulationen abheben.«
14 Ebd., S. 14.
15 Ebd., S. 174.
16 Ebd., S. 143.

17 Ebd., S. 176.
18 Ebd., S. 472f.: »Wenn wir mit Städten zu tun haben, dann haben wir mit überaus vielschichtigem und intensivem Leben zu tun. Aus diesem Grund stößt die ästhetische Gestaltung von Städten prinzipiell an eine Grenze: *Eine Stadt kann kein Kunstwerk sein.* (...) Wer eine Stadt oder auch nur ein Stadtviertel so behandelt, als sei es lediglich ein architektonisches Problem in größerem Maßstab, das man durch die Verwandlung in ein (...) Kunstwerk beheben kann, begeht den Fehler, Leben durch Kunst ersetzen zu wollen.«
19 Ebd., S. 57f.
20 Ebd., S. 133: »Zeit ist für Städte von größter Bedeutung.«
21 Ebd., S. 56.
22 Ebd., S. 442.
23 Auch Henri Lefebvre maß dem Viertel eine vorrangige Bedeutung bei. Siehe den Text »Quartier et vie de quartier« in *Du rural à l'urbain*, S. 207–215.
24 Jacobs, *The Death and Life of Great American Cities*, S. 62f.: »›Zusammengehörigkeit‹ [›togetherness‹] ist ein treffend abscheulicher Name für ein altes Ideal der Planungstheorie. Es besagt, dass Menschen, wenn sie etwas miteinander teilen, gleich sehr viel miteinander teilen sollten. (...) Sie müssen sich entweder auf irgendeine Art von ›Zusammengehörigkeit‹ einlassen, bei der man mehr miteinander teilt als im öffentlichen Straßenleben, oder sich damit abfinden, wenig Kontakte zu haben.«
25 Ebd., S. 83.
26 Ebd., S. 120.
27 Ebd., S. 119.
28 Ebd., S. 121.
29 Ebd., S. 136: »Wenn in städtischen Nachbarschaften, seien es einzelne Straßen oder ganze Bezirke, zu viele allmählich gewachsene öffentliche Beziehungen gleichzeitig zerrissen werden, kann es zu unterschiedlichsten Verheerungen kommen – zu einer solchen Verwüstung, Instabilität und Ohnmachtserfahrung, dass offenbar auch die Zeit die Wunden nicht zu heilen vermag.«
30 Bailly, *La phrase urbaine*, S. 241: »New York existiert als eine Stadt, das heißt als eine Welt.«

Aneignungen

1 Bailly, *La phrase urbaine*, S. 245.
2 Wer ein genaueres Bild des Ensembles gewinnen möchte, dem sei wärmstens der hervorragende Dokumentarfilm empfohlen, den Richard Copans und Stan Neumann 2012 für die Reihe *Architectures/Baukunst* auf Arte produziert haben.
3 Einige Texte von Lina Bo Bardi enthält der Band mit dem vielsagenden Titel *Stones against Diamonds*, Architectural Association Publications, London 2012. Zu Bardi siehe insbesondere das Gemeinschaftswerk *Lina Bo Bardi 100. Brasiliens alternativer Weg in die Moderne*, Hatje Cantz, Ostfildern 2014, sowie Zeuler R. M. de A. Lima, *Lina Bo Bardi*, Yale University Press, New Haven 2013.
4 Zum Werk und Denken von Aldo van Eyck liegen einige erhellende Bücher vor: Robert McCarter, *Aldo van Eyck*, Yale University Press, New Haven 2015; Francis Strauven, *Aldo van Eyck. The Shape of Relativity*, Architectura & Natura Press, Amsterdam 1998; Raphaël Labrunye, *L'orphelinat d'Aldo van Eyck. De la réception de l'œuvre à la genèse du projet*, Métis Presses, Paris 2016.

Für die Architektur

1 Bailly, *La phrase urbaine*, S. 202.
2 Ebd., S. 9.
3 Ebd., S. 111.
4 Ebd.
5 Ebd., S. 128.
6 Ebd., S. 160.
7 Ebd., S. 247.
8 Lefebvre, *Das Recht auf Stadt*, S. 29.
9 Michel Foucault, »Raum, Wissen und Macht«, in: ders., *Schriften in vier Bänden. Dits et Ecrits*, Bd. IV, übers. v. Michael Bischoff u.a., Suhrkamp, Frankfurt a. M. 2005, S. 324–341, hier S. 330.
10 Ebd., S. 330f.
11 Harvey, *Le capitalisme contre le droit à la ville*, S. 40f.
12 Foucault, »Raum, Wissen und Macht«, S. 334.

13 Bailly, *La phrase urbaine*, S. 45f.
14 Ebd., S. 246.
15 Ebd., S. 250.
16 Ebd., S. 252. Das führt Bailly dazu, sich folgende Frage zu stellen: »Ohne Übertreibung könnte man sich davon ausgehend fragen, ob eine demokratische Architektur anders denkbar ist als durch die Flüssigkeit von Zwischenräumen, und ob es somit überhaupt haltbar ist, sich eine solche Architektur oder vielmehr die Möglichkeit einer architektonischen Moderne in Begriffen der Form vorzustellen.«
17 Ebd.
18 Ebd., S. 256.
19 Ebd., S. 259.
20 Ebd., S. 259f.
21 Aldo Rossi, *Wissenschaftliche Selbstbiografie*, übers. v. Heinrich Helfenstein, Park Books, Zürich 2015, S. 108.
22 Ebd., S. 40.
23 Ebd., S. 84–86.
24 Peter Zumthor, *Architektur Denken*, Birkhäuser, Basel/Boston/Berlin 2006, S. 34.
25 Ebd.
26 Ebd., S. 8.
27 Ebd., S. 32.
28 Rossi, *Wissenschaftliche Selbstbiografie*, S. 101.
29 Peter Zumthor, *Atmosphären*, Birkhäuser, Basel/Boston/Berlin 2006.

Epilog

1 Georges Perec, *Träume von Räumen*, übers. v. Eugen Helmlé, Manholt, Bremen 1990, S. 112f.

BILDNACHWEISE

S. 2: Zerstörung des Hochhausturms Nr. 6 in Les Minguettes, Vénissieux, © Bibliothèque municipale de Lyon
S. 3: Obdachloser in Charleroi, © Creative Commons
S. 4: » This Space is Occupied«, Zuccotti Park, 2011, © Scott Lynch
S. 5: SESC Pompéia, São Paulo, © Nelson Kon
S. 38: Bolzen gegen Obdachlose vor einem Hauseingang in Marseille, © DocteurCosmos
S. 40: Die Camden Bench, © The wub
S. 56: Italienische Touristen im Stadtteil Barceloneta, © Vicens Forner
S. 61: Aktivisten der Bewegung »No Grandi Navi«, © No Grandi Navi
S. 90: »Bewohner in Gefahr«, Rue Aubagne, Marseille, © Jean de Peña
S. 140: Nicolaas Anslijnstraat, Amsterdam, © Stadtarchiv Amsterdam
S. 146: Wandelhalle am Fluss des SESC, © Nelson Kon
S. 147: Innenansicht des SESC, © Nelson Kon
S. 151: Blick von außen auf die Gebäude des SESC, © Nelson Kon
S. 154: Kinder auf einem Spielplatz, Laagte Kadijk, © Stadtarchiv Amsterdam
S. 157: Ein Spielgerät von Aldo van Eyck, 1962, Foto: Cas Oorthuys, © The Aldo Van Eyck Foundation
S. 158: Van Eyck oder Die Kunst des Zwischenraums, Laurierstraat, © Stadtarchiv Amsterdam
S. 162: Eine großzügige Architektur: das Edifício Louveira, São Paulo, © Creative Commons
S. 180: Szene aus dem Städtischen Waisenhaus in Amsterdam von Aldo van Eyck: »Die Kunst, einen Stützpfeiler zum Singen zu bringen«, © The Aldo Van Eyck Foundation

INHALT